精準閱讀

夢をかなえる読書術

幫助最多人通過國家考試的大律師，
教你進入看得下書的狀態，同時精準抓重點

大律師、伊藤塾補習班負責人
伊藤真——著
林信帆——譯

大是文化

CONTENTS

第二章

第三章

閱讀的竅門——什麼樣的內容，該怎麼讀？

第四章

當你沒時間讀，不知讀哪本、或讀不下時……

推薦序一

閱讀是一種重訓，還能偷竊你想要的人生

「閱讀人」社群主編／鄭俊德

臺灣著名作家詹宏志曾說：「我有一個書呆子的勇氣。任何我不懂的東西，這世上一定有人懂，而且把它寫下來了，所以我只要找到書，就能學會它。讀一本書，可以偷竊別人的人生，不是很划算的事嗎？」這是我很喜歡又認同的一句話，當我們在人生這條道路上，遇到難題時，很多人希冀能夠遇到貴人或是天降好運，只求能安然度過難關。但我的認知是，求人不如求

己，因為遠水救不了近火，伯樂與貴人也不一定住在你家隔壁，讓自己擁有解決難題的能力才實在。

我想你會問：「如何培養該能力？抑或是怎麼知道去哪裡找到答案？」我的解方是「閱讀」。你所遇到的難題，都可能曾有人跟你一樣經歷過，無論是人際關係、經濟難關、上臺簡報、親子溝通……尋求專家緩不濟急且費用昂貴，但多數的專家都出過書，把各種解方記錄下來，所以你需要用對方法，挖掘書中的知識。因為閱讀不只是汲取知識，更是人生卡關的解藥。

為何我認為閱讀是一種重訓？如果你去健身房練習，教練一開始都會先要求熱身，並依照你的體能與肌肉量，規畫適合的訓練課程。閱讀基本上也是如此，我們創辦「閱讀人」社群後，常有讀者來信詢問如何閱讀、如何讀懂、如何實踐等方法，為了有效幫助更多人了解如何閱讀，我們開始了高效閱讀力的相關課程。

過往許多朋友曾在學習歷程中，受過大量的挫折，導致他們對於看書總有負面的刻板印象，甚至敬而遠之。這就像運動造成的肌肉傷害，閱讀技巧使用不慎也會受傷。

閱讀需要一步一步的從基礎訓練開始，就像本書提到，先打破過去大家對於書本的認知，以及重建知識的目的，透過長時間的練習，有步驟的閱讀重訓，才不會造成心靈傷害。

使用書本的關鍵是弄髒，當你弄得越髒，表示讀得越懂。書本的骯髒程度與理解度成正比，這不是把書丟到爛泥裡，而是畫重點與筆記的書寫，表示你對這本書投入的理解程度與用心。

經常有讀者來信分享他的難題，最常見的就是書一直讀不完，今天看書卻忘記昨天看過的內容，明天再讀又忘記今天的，陷入一個無限的閱讀迴圈，最後只有放棄。其實最好的解決方法，就是本書提到的弄髒。當你閱讀某一個段落後，試著利用筆記，藉由自己的文字，再表述一次內容，通常會留下最印象深刻的記憶。

當然，有人說書是很神聖的，捨不得在書上標示記號。我建議的方法是，如果這本書真的可以幫你解決問題，你又很想好好珍藏，那就買兩本，一本用力畫，另一本就供起來放。作者提到的方法也可以參考，就是影印，因為這更方便摺疊與隨身攜帶。不過，為了使更多好書得以留存，用買的比列印更適合，也比較不會牽涉版權問題！

閱讀不是為了考試，它只是人生的一小部分，因此我們一生中最需要解決的是人生的卡關，所以該目標不是一字不漏的背誦，而是讓我們遇到問題時，有所解答。

日本人氣漫畫作品《航海王》（*ONE PIECE*）中，獲得全世界尊稱的海賊王——哥爾羅傑曾在臨死前說：「想要我的財寶嗎？想要的話可以全部給你，自己去找吧！我把所有財寶都放在那裡。」使得許多海賊為了爭奪寶藏，爭相前往海上探險。至於解決你人生難題的寶藏在哪裡？我相信你已經有答案了。

推薦序二

現今人類不缺資訊，少的是……

「閱部客」版主／水丰刀

這個時代變得太快，不斷演進新思維，今天學的好像明天就會過時，弄得大家人心惶惶，這就像是你似乎抓住了重點，卻什麼都沒領悟。

你逐漸會發現，社群網站上很多推陳出新的名詞、形容詞等，都是把舊有的知識冠上新的詞彙；你滑開手機，可能會發覺很多媒體都在講述同樣的觀念，用詞卻不太一樣；大家追求速成、快速獲得資訊的同時，原本就很短的影片長度，又慢慢縮短不到一分鐘，混亂的淺讀每天的日常生活。

因此，我認為現今人類不缺資訊，不足的是深度閱讀的能力。看書無疑是我們獲取知識最重要的方式，但是絕大多數的人，都不知道該如何善用最基本的閱讀能力。而它有多麼重要，請容我簡單列舉三個原因：

1. 現代人追求淺顯易懂的知識技術，深度閱讀反而有更重要的地位，因為它才能啟發人類深度思考、鍛鍊大腦，所以在這一個層級，就拉開了「會閱讀」與「不會閱讀」的人之差距。

2. 每個人在同樣的基礎下，看同一本書籍，卻很可能因閱讀能力的不同，產生理解差異，進而拉開彼此間的成長距離。由此可見，看書也會影響你未來的發展。

3. 精準閱讀是指看書的同時，具備領悟重點的能力，它可以迅速掌握一本書的意旨，所以不管是在吸收文章、論文、書籍上，都能比別人快速且深入。

而作者引進獨創的學習方式，為我們深入剖析看書的技巧、指導我們如何培養閱讀能力，快速掌握書中的重點。翻閱書籍的同時，讀者要懂得與作者對話，像是在書上留下筆記、意見或是畫線，勇敢發表自己的想法。

但千萬不要陷入窮讀，你想從容的生活在這個時代，就更要看書來增進自己的知識壁壘，掌握學問核心，這就是發展自我價值的加速器！

前言

書本弄得越髒，越能實現理想

書本弄得越髒，越能實現夢想——這是我的切身感受。

我是「伊藤塾」補習班的負責人，專門指導準備參加司法或公務員等國家考試的考生。敝公司設立至今已二十二個年頭，最近我也以原告團代理律師的身分，參與「實現一人一票之訴訟」和「安保法案違憲訴訟」（按：前者由於日本選舉是國會議員的多數比例決定，非人口比例選出，這顯示即便候選人獲得同數選票，也有當選和落選之別，因此作者等發起人致力於糾正「一票之差」問題；後者因新安保法案通過定案，允許日本或與日本有密切關係的國家遭到武力攻擊等危險時，日本隨時可向海外派遣自衛隊支援戰場。但作者等反對者認為，這法案會使得日本的「和平憲法」不再，甚而將日本捲入戰爭的漩渦）。

因為處在這樣的生活當中，我必須閱讀大量的書籍；工作方面，為了做出最淺顯易懂的教學，我還必須熟讀坊間的教科書、參考書和各種論文，並掌握重點傳達給學生。

另外，由於政府每隔幾年就會修法，法規一旦修正，身為律師的我，就必須熟讀更動的內容；當法院判決出現新的判例，就必須和學說進行比較，並查閱最新的報章雜誌。

當年我在準備司法考試時，每天會拚命讀十個小時以上的教科書或參考書，總之就是狂讀、猛讀、拚命讀。不是只有過目，還必須掌握重點，讀到能自由活用在課堂或論文上，且至今依舊持續這種習慣。

對我而言，書本是「思考的素材」。它能加深自己的思考，鞏固己見，也能協助尋覓自己的理想，深化未來的夢想。**既然書本是素材，維持原狀只會是材料，你必須使用它才有意義**，所以我才會指導學生盡量把書用髒。

因為你越是勤快的閱讀，書本上頭自然會畫上許多記號，標記許多重點，顯現出使用的痕跡。教科書以外的書本也一樣，寫下筆記、意見與作者對話，透過這種舉動可以更加堅定自己的想法，書中的知識就能成為你專屬的財產。

每年都有許多合格考生從伊藤塾展翅高飛，這些人的共通點就是勤閱讀。我身處的司法界會考驗讀、寫的能力，當然在日常生活中，大量閱讀並習慣文字的人，自然容易合格。

如果你不喜歡看書，那就看看雜誌或部落格也好，總之要習慣文字。這種舉動不只限於司法界，其實對所有人來說都很重要。因為我們變成社會人士後，更不能缺少閱讀的能力。

成功人士的共通點是「勤閱讀」

當我還是律師時，每經手一個案件，理所當然要讀一整排書櫃的資料，因為口供等證據紀錄或參考文獻有如山高。畢竟官司會影響一個人的人生，因此大量閱讀和書寫，是最基本又重要的事情。

追根究柢來說，工作本來就是由閱覽和記錄大量文字所構成，像是電子郵件、報告書或資料等，我們會從龐大的資訊中獲取某種內容，並依此做出判斷，因此說閱讀能力會左右工作成果也不為過。

我認為看書是所有學習的基礎。若你輕視此習慣，在生活或工作方面都不會有長進。鍛鍊生存之力的最佳素材，正是閱讀。

世上沒有「無趣的書」

我一直認為這個世界上沒有無趣的書，不論是艱澀難懂的專業書籍，或簡單、輕鬆的娛樂書籍都無妨，兩邊並無高低之分。

人們會覺得無趣，是自己當下的感受。隨著成長，每個人的想法都會逐漸改變，但這並非表示閱讀字數多的書比較優秀。對我來說，**就算整篇文章只有短短一句話打動我的心**，若是能讓自己進步，那就是一本優良的書。

閱讀是為了獲得思考的素材，除了有努力鑽研知識的一面，我也有純粹享受書中世界的時候，這兩種都會讓人感到興奮。

我認為人們是為了得到幸福，才拚命生活。基本上大家對待任何事物都一樣，為了獲得幸福又圓滿的人生，才會勇敢行動，如此一來，社會就會逐漸增加幸福能量。

每個人的閱讀或感受方式，永遠都很自由。正因如此，我希望大家能挺起胸膛，主動翻閱能讓自己感到愉悅的書籍。不管在什麼時候，書本都一定會讓人有感而發、扣人心弦，使你對某個世界感到興趣或好奇，最終改變自己的舉動及思想。

然而，使自己成長、**實現夢想，同時又使你感到幸福的讀書術**是什麼？

要如何積極選擇、使用和學習哪種書籍？又該如何弄髒書本，讓它成為自己一生的寶物？本書將會一一傳授這些方法。
若透過本書能為你帶來一絲的幫助，我會十分欣喜。

第一章

你不會買錯書，因為……

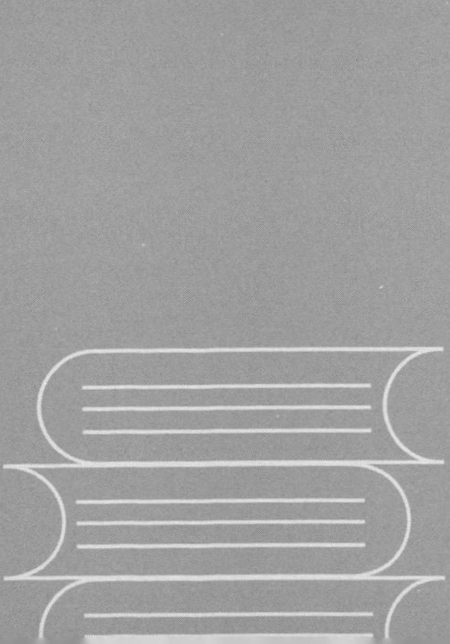

1

人生有限，讀什麼書才對？

書本具有玄妙無窮的智慧。

人們為了實現夢想、獲得幸福，應該在人生有限的時間內，將書本的力量發揮到淋漓盡致。

那麼，又該閱讀哪種書？本章將傳授選擇書本的基礎法則。

基本上，應該先從自己有興趣的書下手，因為自身的喜好更容易觸動心弦，這比任何事情都來得重要。

你是否有這種經驗？有人給你一本厚重的書籍，要你在短時間內寫下心得感想，不過往往來不及讀完；或是非讀不可的參考資料，你卻提不起勁閱讀。這不是任何人的錯，問題在於你和那本書的「契合度」。不想看書時，不讀也罷，因為我自己經常也是這樣。

前言中也曾提到，我打從心底認為，世界上沒有**無趣或派不上用場**的書。因為那**只是當下的感受**罷了。當一本書讓你感到無聊時，這本身就是一種學習。進一步來說，**本來就沒必要讀完書中全部的內容**。

就算你現在沒有興趣閱讀，可是手中又有好幾本書時，你僅要知道這個世界上存在著各種意見就好。當你湧現想看書的心情後，自然就是閱覽它的最佳時機。

抱持這樣的心態閱讀，創造知識的可能性將永遠為你敞開。

2

刻意閱讀與自己相反的見解

書本對我來說是思考的素材，這是鞏固自身思考、描繪全新觀點、加深想法的元素。

在閱讀的同時，我習慣一邊進行各種推問、一邊充實自己的思考。例如：「沒錯！就跟這位作者說的一樣。」或「作者的想法和我不同，但為何他會這麼想？」等。

從這層意義來說，閱覽見解與自己看法相反的著作，非常有幫助。為什麼？因為這能協助你用不同角度思考事物，或是彌補自身的弱點。為了不讓腦袋僵化、固執己見，我會積極閱讀與自己意見不同的作品。

拿我身邊的例子來說（雖然會有些專業），我們一起來思考《日本國憲法》第九條的爭論（按：《日本國憲法》第九條於西元一九四六年頒布，主張日本政府為了和平，放棄戰爭、不維持武力、不擁有宣戰權，也因此被稱為和平憲法或非戰憲法）。

某位律師抱持強硬的態度，堅持反對《日本國憲法》第九條；或者原本是護憲派，現在卻主張應配合現狀修改憲法，這兩者都認定，為了讓日本國民更加幸福與和平，勇於廢除才是最佳做法。很明顯，此想法與我背道而馳，但正是像這樣的書籍，我會更積極參考。

閱讀的當下，會讓我產生一種錯覺，宛如自己正身處學術研討會，與這些作家進行激烈的討論。「這樣的觀點有點不對。」或「原來也有那樣的想法。」等，我會一邊探討書本的內容、一邊認真的與作者對話。

日本代表性評論家小林秀雄在《關於閱讀》一書中寫道：「讀書亦與人生經驗相同，是一種真實的體驗。」這句話十分有道理，一邊向不同見解挑戰、一邊閱讀，會有一種彷彿作者當面與自己辯論的感覺。

正因為我們**接觸相反的觀點，自己才能有新的認識或發現，並發覺自身的弱點**，讓自我更加成長。

3

看書，為你說的話找到專家認證

正如前述，閱讀意見相異的書籍，能提供多元或全新觀點，協助自己思考不同論點，並鞏固己見。另一方面，你仍然需要參閱相同想法的著作。

「專家也這麼說，果然我的想法沒錯。」就算該書作者的領域與自己不同，是另一個領域的專家或權威人士等，**只要他們的觀點與自己一樣，就能讓你的見解更有根據，並增添幾分自信。**

遇見這樣的作品，你可以筆記下來或標記符號，藉由能派得上用場的內容，當作自身觀點的參考根據。

前陣子，我拜讀了日本腦科學家茂木建一郎教授的《感動腦》。當時我碰巧在車站的便利商店看到這本書，我被封面上頭的書名「感動」一詞吸引，因而衝動購買，並在新幹線上一口氣讀完。

這本書有趣的原因，在於作者分析人類如何理解事物。他表示我們為了理解他人，必須主動和自己腦內的資訊進行對照。換句話說，若一個人的大腦有很多可用來參照的材料，就比較容易領會所有涵義。

書中提到：「大家常說，經驗越豐富的人越能理解他人的心情。這點從腦科學來看也很正確。因為自己經歷過悲傷，才能感同身受；因為自己痛苦過，才能了解對方的辛苦。這在科學上已經獲得證明。」這也指出大量閱讀、體會各種經驗，與人交談，才能夠獲取更多的思考材料，且可以更正確的理解事物，這和我長久抱持的想法一致。

當下意外得知作者茂木教授和我的想法相同時，我非常開心。今後談論關於理解的觀念，我似乎能挺起胸膛的說：「腦科學家茂木建一郎也發表過同樣的看法。」

所以，請不要無視和自己相同的見解，甚至不要認為：「這種事情我早就知道了。」你應該虛心的接受每位專家撰寫的內容，並且尋求當中值得學習之處。

「專家也這樣說。」引用專業人士的話加以證明，可讓對方有全新的發現，也能讓自己的發言更受肯定。

4

相同道理的不同探索路徑，總讓人興奮

不論觀點是否與自己相同，我仍會積極閱讀其他領域的書籍。例如前陣子讀了專業領域與我完全不同、腦科學家茂木教授寫的作品，藉此我還獲得許多啟發。

那本書提到，為了培育感動的大腦，可在腦中創造「空白部分」。像諾貝爾獎得主平時會進行非常大量的研究，但據說他們不會因此塞滿自己的內心，這是因為他們知道如何刻意製造空閒時間，讓大腦留有空白，自身的思想才能進化，更具創意。

我讀完這本書的時間，大約是深夜兩、三點，抬頭不經意的看到稍微缺角的月亮，高掛在東京的夜空中，並且散發皎潔的月光。「原來在東京也能看見這麼美的月亮。」我內心不禁一陣感動。對我來說，在這短短不到一分鐘的時間內，能夠忘記工作或任何事物，專心眺望明月的空閒時光，相當觸動人心。如果沒有閱覽這本書，就不會有這樣的瞬間。

原來，偶爾閱讀其他專業領域的書籍，也是一種選書的方式。而這也表示，人類的本質會跨越專業領域，最後抵達相同的終點。茂木教授是從腦科學的立場，談論人類本質的多樣性；我則是從憲法的角度切入，進而察覺尊重多元化的重要。

探索的路徑有很多條，但能透過閱讀，抵達本質相同的盡頭，就能獲得更大的收穫。

就連在超商衝動購買的書籍，都能學到這麼多觀點。果然閱讀會使人成長，並引人邁向真理，這使我添增不少自信。

5

你習慣從終點思考?還是起點?

實現夢想最重要的,就是從「終點」思考。

終點如果不夠明確,你會不知道該往哪個方向奔跑;若任意前進,可能會因為筋疲力盡,而半途而廢,永遠無法達成目標。

我一直建議來伊藤塾就讀的考生,積極閱讀或詢問畢業學長姐的「合格體驗記」,這能讓你的目的地更加明確。

何時?該讀什麼?如何讀書?以及格為目標的考生來說,藉由他人的成果,從終點反推,理解成功人士的技術,非常具有實踐性和效果。但千萬不能照套，合格體驗記畢竟是他人的經驗。

每個人各有差異，因為至今的生活態度，或學生時期的經歷都不太一樣。就像在校期間「一直在運動的人」和「讀了許多書的人」，兩者的背景必定截然不同。此外，對方所處的環境、讀書所花費的時間、還有對公家考試的意念和動機、實現夢想的意志強弱也不盡相同。當然，記憶或理解等能力也有區別。我想強調的是，學習別人的技巧時，不用太在意前述的差異。

以我至今教導許多考生的經驗來看，我可以斷言，實現夢想與個人的本領沒有直接的關係。反倒是你過去的經驗、生活方式、環境差異或意念強弱，帶來的影響比較大。

透過他人的經驗談，充分認識自己和對方的不同，模仿能學習的要點，無法仿照也不需要勉強自己，請不要過度在意彼此之間的差別。

若和他人的成功經驗比較，難免會意志消沉的認為，「我做不到這麼厲害的事情……。」但是你能用盡全力**模仿自己做得到的事**，這正是從終點思考的重要技術。

6

想成為什麼樣的人？——先讀讀你理想的範本

人生不會在你考試滿分後，就此畫下句點。重要的是，你該如何計畫成功之後的樣貌。如果是連續劇或電影，夢想實現的瞬間，就會以美好的結局落幕，但現實中，人們達成目標後，生活依舊要繼續。

市面上的書籍，大都只傳授如何實現夢想的方法，但我希望讀者們也能關注一個問題——夢想成真之後，你該如何生活？

首先我會建議你閱讀理想範本，若你想進入司法界，就閱讀作者是律師、法官或檢察官等身分的書，將他們撰寫的作品視為模範。

書籍類型可以是寫實或評論，就算是小說等虛構故事也無妨。實際上，坊間有很多律師寫的推理小說或法庭小說。閱讀這類書籍，留下「原來律師的工作如此有趣」，或「法庭審判原來是這樣進行」等印象也行。

我曾在三十歲時，閱覽美國律師兼作家約翰．葛里遜（John Grisham）著作的法庭推理小說《黑色豪門企業》（*The Firm*），該故事描述一群任職於頂尖法律事務所，為民眾伸張正義的年輕律師們的工作型態，並驚悚描繪他們揭發犯罪的過程，這是一部非常有趣的作品。

像這樣藉由閱讀**自己理想職業的書籍**，可以盡情發揮想像，並有效提升實現夢想的熱情。不光這樣，你也能跨越領域，觀察各個成功人士的生活型態，如此一來，就可以更進一步發展自己的未來。

閱讀的順序如下：

1. 閱覽自己的理想範本，想像自己未來希望嘗試的工作。
2. 透過合格體驗記，學習實際可以運用的技術，來達成目標。
3. 請試著參考內容比較抽象的書籍，主要是探討自己**合格後，想變成何種樣貌**，或經過努力，打算蛻變成哪種類型的人。換句話說，這類書籍能讓你想像成長後的自己。

社會上有許多人會透過慈善活動來貢獻社會，你也可以透過這些人的著作，試著學習他們的理念或精神，慢慢思考未來的目標，以及該如何自我磨練的方法。

7

沒人能套用一流人物如何成功，而是故事值得深思

為了鍛鍊自己成長，我建議閱讀「超一流人物的著作」。超一流人物是指已經受到大家公認的頂尖人士、或歷史偉人。因為他們的文章引人深思，你可以獲取不一樣的收穫。

例如《實現巨大夢想的方法》（日本文藝春秋出版）一書中，彙整亞馬遜（Amazon）創辦人傑夫・貝佐斯（Jeff Bezos）、谷歌（Google）創辦人之一賴利・佩吉（Larry Page）、阿里巴巴集團創辦人馬雲等知名人物，送給大

學畢業生的演講稿。

起初「實現夢想」這個標題吸引了我，閱讀後更是讚嘆連連。不愧是成功人士，他們所說的話就是與眾不同，我甚至羨慕美國的大學生，能在畢業典禮中聽到這麼棒的演講。

說到演講，以蘋果創辦人史蒂夫．賈伯斯（Steve Jobs）在美國史丹佛大學的講稿〈求知若飢，虛心若愚〉（*Stay Hungry, Stay Foolish*）最為知名。但這本書介紹許多精彩且知名的演說，完全不遜於賈伯斯。

例如馬雲考大學時，曾經落榜兩次，途中跑去當三輪車車夫，度過一段辛苦的人生。當他成功之後，獲邀至中國清華大學，向當時的畢業生演講：

「今天很殘酷，明天更殘酷，後天很美好。但大部分的人死在明天晚上。」

這正是體驗過人生挫折，卻堅持不放棄夢想之人，發自靈魂深處說出的話語。

此外，雅虎（Yahoo!）創始人楊致遠，也曾在夏威夷大學希洛分校（University of Hawai'i at Hilo）的畢業典禮上演說：

「請走出自己的框架，展翅飛向世界；請不要停留在熟悉的地方，應該在前人未達的土地上留下足跡。」

他由單親媽媽扶養長大，十歲剛到美國時，完全不會說英文。

他正是經歷過痛苦、成功創辦雅虎，才能依照本身的經驗，建議大家勇敢探索身邊寬廣的世界。

這就是我推薦各位閱覽超一流人物著作的原因，就在於那能連結作者和自己的大腦。只要這些作品有仔細的彙整他所經驗和學習過的事物，我們就能透過該書共享資源。

閱讀一本好書，能夠有效影響人的想法，進而開拓自己的世界。

8 立刻能派上用場的書不能永留

對我來說，在一望無際的書海中，最完美無缺的正是經典。它是經過漫長歲月的洗禮，所流傳下來的書籍；它會超越時代、民族或性別，蘊含許多人生哲理。

德國哲學家阿圖爾・叔本華（Arthur Schopenhauer），在他生平最後的作品《附錄與補遺》（*Parerga and Paralipomena*）提到：「要振奮精神，沒有書籍優於希臘和羅馬的經典。只要拿在手上閱讀短短半小時，就會感覺心靈受到洗淨，情緒高昂，有如旅行者用清涼的泉水提振精神般。」

經典的力量就是如此強烈，不知道這一點真是白活了。或許有人會認為：「現在讀那種書籍，完全派不上用場吧？」也有人會覺得：「經典很艱澀難懂。」的確，它可能不會立刻發揮作用。

但我反而認為，立即能派上用場的書，很快就沒有效能。只在現代通用的書籍，確實有許多重點值得學習。但與其花費時間看一本今後未必永久保存的作品，為何不用相同的時間閱覽更有用的經典？其他事物也一樣，例如最近文部科學省（相當於臺灣的教育部）說不需要文科，應該把重點放在理科。事實上，這卻是為了回應產業界的要求，把立刻能派上用場的人才送入社會。

回顧日本明治時期，政府也曾經高舉富國強兵政策，要求各家大學做同樣的事情。對此毅然表達反對意見的，是日本近代思想家福澤諭吉等人，當時日本慶應義塾大學的系主任、兼工學博士的谷村豐太郎也曾反駁：「立刻能派上用場的人，很快就會沒用。」

實際來看，真正能表現功用的是有「涵養」的人，而涵養的基礎正是乍看沒用的哲學、歷史或文學不是嗎？

我們經常只專注眼前的事物，但隨著環境或社會體制的改變，當下的想法立刻會有一百八十度的變化。所以不要受其擺弄，應全神貫注於本質、大家經年累月守護的普遍事物上。

現代新書仍需要花點時間，受到時代的洗禮。只有經過長年累月，透過眾人銳利目光和市場精挑細選，最後所流傳下來的書籍，一定沒有錯。

9

買錯書，其實你正形成自己的見解

準備學習某個主題時，我會一次購買二十到三十本的相關書籍。為什麼？因為正如前述，我習慣一起閱讀贊成、反對和中立見解的作品，當這三種意見交雜在一起時，不知不覺就會累積成這個數量。

當然，這麼多的書籍中也會有敗筆，例如看了之後，才發現裡頭只有一句話能派上用場。特別是在網路書店購買、無法事先翻閱的作品，內容總是會跟我預期的截然不同。

但我仍然會告訴自己：「因為這一句話幫了我很大的忙，所以能讀完整本書真是太好了。」那本書當然就會成為自己的必要之物。不管是哪種書，都一定會有收穫。**選擇錯誤也是一種學習，所以買書切忌猶豫，這並非浪費你的存款**，只要讀二十到三十本書，你就能形成一定程度的見解。

此外，當我要學習完全不懂的領域時，一定會在書單中安排「輕薄入門書」、和該領域必讀的「主要書籍」兩種分類。

入門書是為了理解相關主題的專業術語或概念。

假如閱讀的前提條件，是已經掌握法律等困難知識，那對該領域陌生的人自然會看不懂。像是不懂「集團自衛權」和「集團安全保障」的人；或從未意識到憲法和法律差異的人，就算讀了談論「修憲利弊」的法律書籍，也不懂詞彙本身代表的意思，無法正確理解論點的差異。

若是完全不熟悉的領域，我會先透過簡單易懂的入門書學習，免得一開始就因為不懂的詞彙而受挫。

畢竟不太可能單憑一本入門書，就能完美吸收知識，因此我建議，還是要準備兩到三本初學書籍比較好。你可以到書店翻閱內容，以「是否適合自己」為基準挑選，像是有插圖或字型很大、很好讀等，還能詢問書店店員，或上網提問：「初學者適合看哪本書？」來獲得提示。

藉由入門書，可以大致掌握整體的概要，這樣在閱讀主要書籍時，第一頁就能明白作者要傳達的內容。如此一來，就不會完全看不懂在寫什麼，也能放心閱讀專業書籍。

（按：集團自衛權是指一種進攻作戰的潛在概念，與本國關係密切的同盟國家捲入他國武力紛爭時，無論自身是否受到攻擊，都能用武力主動介入以打擊某一方；集團安全保障是根據聯合國的體制，當某個國家即將放棄使用武力或是以武力為威脅，以求達成國家利益及目標時，所有國家能針對違反此一原則的侵略國家，進行集體制裁，來維持國際和平及秩序。）

10

先讀厚重的書苦如修行，但助你豁然開朗

前面提到要學一個全新的主題時，我會先從輕薄入門書下手。不過有人和我相反，一開始會先閱讀「厚重書籍」。

LIFENET生命保險公司創辦人出口治明，曾在他著作的《書本的「使用方式」》中，提到他一定會先閱讀厚重書籍，最後再讀輕薄入門書。

出口治明深信先從厚重書籍開始努力熟讀，多少一定會有收穫，他說：「如此一來，讀完四到五本書後，就能清楚掌握該領域的輪廓。」據說按照這個順序，再讀入門書，會有「我知道了，原來這本書指的是這個意思」，

因艱澀內容而讓眼前彷彿一片白茫茫的感覺，便一口氣消散。

的確如此，不少考生會先自學，並絞盡腦汁的研讀法律專業書籍，而這樣的人在聽了我的課程，或遇到整理得淺顯易懂的講義後，都豁然開朗，並感動的說：「原來作者想傳達的概念是這樣啊！」

因為他們已經歷厚重書本的鍛鍊，所以之後閱讀輕薄入門書，會覺得有趣又好懂。按道理來說，或許這種閱讀方式才是正確的，但我認為先閱覽厚重書籍的那段時間會苦如修行。

有人能夠接受這個順序，有人則無法忍受。我就是難以承受的人，因為如果先挑戰厚重書籍，一定在第二或第三頁就會感到挫折。因此，不擅長讀書的人，我推薦先讀輕薄入門書，才不會鎩羽而歸。

11 挑戰入門書後，你該攻下一本一流著作

當你藉由入門書，掌握一定程度的概要後，就必須勇敢挑戰主要專業書籍、厚重書籍或經典著作。就算內容艱澀難懂，也要不氣餒的讀懂它。

評論家小林秀雄曾說，每一本一流著作都很艱深，因為這是由絕頂聰明的天才，描繪他們抵達一流境界的作品，所以凡人無法立刻理解，他說：「艱澀是理所當然的，所以要反覆讀到看懂為止。」

另外，他也建議閱讀該作者的全集。因為透過作者的其他作品，讀者可以進一步了解，一流作者想傳達的獨特見解。甚至他還表示：「光是傾聽或

閱讀別人的意見，而不付諸行動的話，那便毫無意義。」這句話聽起來實在刺耳。你周圍有沒有光看讀書術或學習法的書，卻不實際行動的人？正在看這本書的你，有閱讀的習慣嗎？吸收再多的建議，不實踐就毫無意義。

請你藉由這本書，試著從今天開始行動。先嘗試閱讀自己有興趣的入門書，讀到某種程度後，請勇敢的挑戰厚重書籍。

此外，先提醒讀者一件事：希望你在閱讀的同時，能留意那本書的目標讀者是誰。例如有一種專門協助法學研究者，發表自身的研究成果的書，這種書是給研究人員參考用的，所以初學者讀起來會非常辛苦又沉重。

因此，各位在購書前，請務必挑選符合自己目標的書籍，這樣你才能讀得輕鬆又有收穫。閱讀就從今天開始行動，在有限的人生中，選擇吸收什麼樣的知識，必然會改變你的生活。

第二章

使用書本的最佳方法：弄髒

1

看書就跟吃飯一樣，嚼到不成原形，越容易成為養分

再次強調，書本就是思考的素材，所以我會徹底把書弄得髒亂、用得淋漓盡致。

這就跟食物一樣，生的馬鈴薯或豬肉無法直接成為身體的養分，必須切碎、過火、用牙齒咀嚼直到不成原形後，讓身體吸收營養，確實消化成自己的血肉。

同理，閱讀一本書時，我會在書上畫下重點、使用螢光筆標記關鍵詞、

畫圈或打問號等。不僅如此，每當我有所感受，立刻會在書本上寫下自己的意見、疑問或歸納等。

我的線不會畫得很漂亮，但不是隨性一筆，而是**畫兩個圈，甚至用力畫上好幾個圈，盡可能留下當時的想法或亢奮的情緒**。之後回顧時，就會清楚知道哪個部分曾觸動我的心；寫筆記時，我也不會寫得像是要給別人觀賞一樣工整。因為書本只是素材，單純弄髒也無妨。

其實我有很多書籍，破舊程度讓旁人看了會覺得傻眼。

或許，有人很寶貴書籍，無法接受別人直接寫在書上；也有人會想要保持乾淨，以便之後再拿到二手書店販售，但我覺得**書本維持得越乾淨，越表示那永遠都是「客人」，不會成為自己的「親人」**。

不光是用肉眼捕捉文字，而是要動手畫圈、做記號或筆記，才會讓內容在記憶中扎根，方便自己整理重點。對我來說這些記號，是我和書本對話的痕跡。就像人與人對話時，也會做出「是的」、「原來如此」或「那好像不太對」等反應。回應越多，等於互相交談的次數越多。

同樣的，這種方式會使我們持續和書本溝通，如此一來，就能積極吸收書本的內容，將其化為實現夢想的養分。

2

怎麼畫教科書重點才會考高分？

書本的骯髒程度和理解度成正比，尤其當我成為補習班的老師時，更加明白這一點。教科書越新又乾淨的人，越難想像他平常有在用功學習。而越是勤勞的學習，教科書自然就會因為筆跡而變髒，看起來很老舊。

教科書和一般書籍不同的是，我們藉由教科書，清楚理解書上的重點。換句話說，我們必須將作者的腦袋完整移植到自己的腦中，所以畫線或打圈的目的，皆是為了正確記憶內容。

另一方面，我們則不需要徹底記住一般書籍的內容。只要挑選幾處對自己有意義的摘要，把它變成自己的養分就好。當然，挑選重點、畫線或標記，是為了使它成為自身思考的契機，而不是為了加強記憶，所以跟教科書的作用截然不同。

閱讀目的不同，自然標記的部分或畫法也會不一樣。也就是說，弄髒的部分或方式會有差異。

附帶一提，畫重點也有方法。我經常會對補習班的學生說：「教科書至少要讀五遍。」因為讀熟教科書是以頻繁翻閱為前提，所以剛開始就不分青紅皂白的在教科書上畫線，或把書弄得太髒，之後不知道真正的重點在哪，自然就不會想去看它。

我在準備司法考試時，也曾用螢光筆在教科書上畫滿重點，結果導致整本書一片通紅，根本搞不清楚關鍵字到底在哪裡。之後我學乖了，我改用顏色較淡的彩色鉛筆取代螢光筆，然後分成好幾種類型上色。

記住，各位要懂得在標記上做一些巧思，之後當你重複閱覽時，才不會感到厭煩。

3

不想弄髒書籍，就影印

使用書本時，我最推薦大家影印內容，以便隨身攜帶。授課時，我也會指導考生先影印當天上課會用的部分，然後把影本帶到教室盡情弄髒，回到家後再仔細整理講義，把重點記入於教科書上。這樣不僅可以複習課文，也能用自己專屬的方式整理思緒，使它變成一本真正能輔助自己成長的筆記本。

當然這方法不只限於教科書或參考書，只要有心認真研讀一部作品，也可以使用這個方法。因為是影本，更能毫無顧慮的弄髒它。

如果是厚重的硬殼精裝書，不僅難以翻閱又很沉重，但若是幾張影本，就**能輕鬆攜帶**。有時，我在圖書館也只會印有需要的部分，不會另外借書。不僅如此，當你實際讀過，發現這本書幾乎沒有新論點時，你無法果斷的丟掉書本，卻可以丟掉影本，所以處理起來也比較方便。

除了書本以外，像是部落格或網路文章，也可以整理成幾十頁的WORD檔案，列印帶在身邊，以便自己做筆記。

這麼一來，就能放心弄髒資料，讓它成為獨一無二的智慧。

4

這樣萃取一堆書的精華，省時省空間

正如前述，學習全新領域的知識時，我會一次購買二十到三十本書。透過相互對照，加深印象，而最需要的工具還是影本。

依照主題，列印自己需要的部分，就能**在桌上成排擺開**，相互比較閱讀；把書本重要的資訊視覺化，**就能掌握整體樣貌**。當然，隨著重點的多寡，影本會逐漸堆積一定的分量，所以我會善用立式檔案盒，依照主題分別保存。

我會將頻繁使用的資料放在前排的檔案盒中，也就是一眼看去容易取出的位置；以備不時之需的參考資料，則會放在後排。這樣只要看該主題的檔案盒就好，省去翻閱書本、尋找重點的時間。

不僅如此，我還會設置影本編號，設計資料一覽表，分別記錄哪個檔案盒，保管什麼影本。這樣既不用翻箱倒櫃，也不用翻看書籍，就能立刻知道需求在哪裡。

5

閱讀邊畫邊寫邊貼

讀書時，我一定會隨身攜帶：原子筆、筆記本和便條紙。即使工作出差，我也會在旅館的床頭櫃上放這三樣東西。對我來說，學習是由閱讀和標記所構成。**我會一邊讀書、一邊不停的畫下重點、貼便條紙或記錄文字**。

閱讀時，我最重視的是「疑問點」。

每當腦中冒出疑問，我一定會立刻寫在書上：「這是什麼意思？」像這樣發現問題的當下，我會將它標記起來，並在事後查詢、收集作者等相關資訊，這個舉動會讓我的世界變得更寬廣。當然我也會視情況影印，進一步確認內容。

總之，不論何時何地，書本上只要出現令人在意的疑問點或是重點，一定要趁還沒忘記前，立即畫線、貼便條紙或留下筆記。不然之後想標記或重複閱讀時，恐怕找不到關鍵在哪。記住，要把握當下，趁記憶還鮮明時，留下記號。因為文具用品或便條紙不離身，即使睡了一覺，透過筆記就能找回資訊。

說句題外話，我不用可擦式原子筆。**就算事後發現筆記寫錯或搞錯重點、畫錯線，那也是自己當下的想法，因此我會想保留那樣的痕跡**。我不會使用可擦式原子筆，但一定會隨身攜帶普通原子筆。

我堅持用原子筆的原因是，國家司法考試通常為了防止考試答案被偷偷竄改，規定只能用原子筆作答，禁止使用自動鉛筆或鉛筆。所以為了能在正式考試中流暢作答，平常就必須習慣使用原子筆書寫。

授課時，我也經常告訴考生：「正式考試必須用原子筆作答，所以請同學們先鍛鍊手臂的肌肉，再上戰場。」因為我戒不掉這個習慣，所以原子筆到現在仍是我的必需品。

6

色彩鮮豔的標記是你思考的痕跡

這一篇我要介紹標示重點的具體方法。

例如，在書中看到「這在某處用得到」，或「作者跟我的意見一樣」等代表我能認同的要點，我會畫「○」；「這裡跟我的意見不同」、「他寫的這段話有矛盾」，或「這只基於單方面的價值觀」等否定的地方會畫「×」；另外，作者寫得特別優秀的部分，我會畫「◎」。

畫重點時，你可以使用手邊的原子筆或螢光筆標記，並以顏色區分。

像第一次用黃色螢光筆畫線，第二次閱讀依然覺得很重要時，可以再用粉紅色螢光筆在黃線上打○；黃色是第一次，粉紅色是第二次，善用螢光筆分色，可讓心中掌握節奏，一眼看出哪邊重要或有什麼收穫。

此外，因為螢光筆比原子筆顯眼，有時我第一次會用紅筆畫線，第二次再用黃色螢光筆標記，更換筆記用具、區分顏色，有助於加深記憶力。之後回想時，就能馬上浮現鮮明的印象，例如「那個好像有在左上角畫紅色的圈，並用黃色螢光筆標記的重點」等。

色彩鮮豔的標記，是我和書本奮鬥的痕跡，也是思考的結果。

7 朗讀內文

正如前述，閱讀的同時要隨手畫下重點或抄寫筆記，這容易讓摘要在記憶中扎根。

前陣子，我看了精神科醫師樺澤紫苑著作的《高材生的讀書術》，果然他也建議一邊閱讀、一邊要畫底線或寫筆記。據說這個動作能活用大腦多個區域，所以可以輕易殘留重點在腦海中。

此外，樺澤醫師也推薦「朗誦」，從腦科學的見解來看，一邊朗讀、一邊畫線可以活化大腦，使重點印象深刻。這不正是我在準備司法考試期間，曾經實踐過的方法嗎？當年我也會大聲朗讀，隨時複習教科書的課文。

閱讀、書寫、朗誦，並傾聽自己發出的聲音，這會刺激和運用大腦，正是一種能加深記憶的學習法和讀書術。我也一直建議我的學生用這套方法，再加上現在有腦科學的依據，更讓我充滿自信，深信這個方法果然沒錯。

此外，日本明治大學文學院教授齋藤孝，也寫了一本名為《朗讀日本語》的暢銷書，其中也推薦朗誦的技巧，強調這個動作能活化大腦。據說日本江戶時代會讓孩童大聲唸出《論語》，也是為了透過聲音訓練腦袋。

除了標記或筆記之外，還要記得重複朗讀，這樣就能獲得更好的效果。

8

做標記，就要盡情摺頁

另外你也可以透過摺書角的方式，留下摺痕，記下重點。

你可以分成「上摺」和「下摺」，這兩個舉動具有不同的意義。能夠認同作者的段落，就用上摺，也就是摺書頁的上端；反之，無法認同，甚至感到奇怪的內容，我會摺書頁的下端。留下摺痕，日後就能馬上找到想要的段落，所以非常方便。

不過擁有許多摺痕，並非代表那一定是本好書，因為摺痕不等於讚許那個作品，也有可能這個資訊剛好派得上用場罷了。所以就算只有一處摺痕、一段話等微小的發現，對自己來說都是巨大的收穫，理所當然，這個著作就是一本好書。

9

用四角形框出關鍵字，抓住重點

每本書都具有專屬的關鍵詞，當我發現一個單字或段落是要點時，一定會用「四角形」框住它。

例如憲法學者兼東京大學名譽教授的樋口陽一撰寫的《「憲法改正」的真實》中，出現「知的義務」一詞。大家都知道「知的權利」（按：是指人們有不受限制、充分獲得資訊的權利）這個名詞，已被普遍使用，卻不太常聽到知的義務。當我好奇的繼續閱讀時，作者提到國民身為國家的主權者，對於維持和營運公共社會的必要事項，有知的義務。換句話說，不是光說

「不知道」就沒事，而是有義務去了解社會。

我第一次聽到這個用詞的當下，才發現：「原來如此，知的義務很重要呢！」所以畫下四角形框住此名詞。像這樣，用四角形框起來，凸顯關鍵字，就能清楚理解書本的宗旨。

通常書上會反覆出現關鍵字，所以要找到它並不困難。如果有詞彙用法跟平常有點不同，或令人感到奇怪或在意的內容，這可能就是重點。試著一邊留意、一邊閱讀，**遇到在意的詞彙就先用四角形框起來，你就能快速掌握此書的要點**。

10 將你標出的關鍵字，串成一篇讀後文

畫線、善用螢光筆標記、使用四角形框住關鍵字的同時，也必須意識到這個資訊的用途。

「這個部分說不定演講用得到」、「這裡能反駁那個意見」或「這裡待會再細讀一次」等，簡單來說，就是領悟終點及輸出。如果只是漫不經心的翻閱，不自覺就會把書讀完，完全記不住內容。抱著「這點能活用於某處」的目的閱覽，就會明確浮出關鍵詞或段落。

這時，我也會利用電腦，把摘要輸入成WORD檔，將那些可能派得上用

場或不想忘記的部分，甚至一整篇文章記錄下來。事後為了方便查詢出處，我另外會標示「書名」、「作者名稱」和留下筆記的「日期」，當作自己的札記使用它。

做到這個地步，就能把書本的概要確實記在腦中。

有時我還會在檔案後面追加「這句說的沒錯」或「正是如此」等肯定的評論；有時則會打下「這裡的論點很奇怪」等疑問，最後**附注自己的意見或見解**。

發表感想時，我的手指會欲罷不能，有時回過神來，已經打了一篇相當長的文章。這些筆記或檔案，想必日後在深入思考或寫作時會非常有用。

千萬不要只寫「好有趣」或「好感動」等簡單的讀後心得，你要具體撰寫自己的意見，自然能累積符合自身用途的內容。

時常注意應用知識的範圍，並留下紀錄，書中的文字就更容易成為自己的智慧，有效輸出其作用。

11

書本的局限性，反而造就思考能力

現在可以透過許多電視、網路新聞等數位媒體獲得資訊。但對我來說，最重要的依舊是紙本帶給我們的知識。因為文字印刷的訊息較能長久保留，所以基本上我不會丟掉書籍。

電視或網路的消息會瞬間消失，當然你能用錄影或列印的方式保留，但有其極限；你也能留下報紙上的消息，用來理解現狀相當有效。但書本的時間軸拉得比較長，而且內容經過系統化整理，加深思考的層面上，擁有報紙沒有的優點。

例如隨手翻閱一本書，並透過該書的目錄，就能一覽整體的樣貌。你也能往前、往後跳著看，同時進行確認（電子書做不到）。有些書經過一段時間重新拜讀，甚至會有全新的認識或發現，也能藉此深化自己的見解。而且可以擺好幾本書在桌上，一起比較資訊，這都是紙本書籍的優點。因為工作關係，我經常會用到紙本，所以像這樣，立刻翻到自己需要的頁面仔細參照，才可以達到工作的效果。

雖然電腦也能一次開四個視窗進行比較，但會受限於螢幕的大小。**實體書則可以擺滿整張桌子，有時還能擺在地板上，不論空間大小都可以，因此要參考大量內容**，並進行思考，**我最推薦實體書**，真的非常方便。

我自己的書桌很小，而且桌上亂七八糟，所以我會另外在一張大圓桌上，攤開各類書本工作，依照主題堆成書山或排列參考資料，工作起來相當舒適。若各位想仔細利用時間加深思考，建議使用以上方法。

此外，盡量參考多樣化的書籍，可以讓思考變得更豐富，所以我都不會輕易丟掉任何書籍。哪怕僅有一句話，只要該內容是我需要的資訊，都是很重要的作品。

每當我要查資料時，至少會買二十到三十本書，而且還會有人送書給我參考，如此一來，就會持續堆積手邊的書籍。於是，我的辦公室會四處追加好幾座書櫃，但書還是多到裝不下，最後只好把公司的某一間房間變成書庫使用。

這或許不是一種能向大眾推薦的讀書方法，但是能保存書籍，並不隨意丟棄。工作時，也能一次攤開好幾本書參閱，這就是我的風格。

12 閱讀要動手，才會印象深刻

我會在書上標記或摺書頁，皆是為了「主動」吸收知識。閱覽書籍不是被動式，主動學習才能累積智慧，成為自己的養分，今後在實現夢想的路上，才能幫上更多的忙。

不要只把書中的內容當作資訊或知識，草率看過，應該用自己的大腦過濾思考、想像或反應自身想法。如果因此能產生具體的行動，讀書在人生中就更加充滿意義。就算沒辦法立即行動，只要確實吸收書中的摘要，落實筆記，累積的知識也會呈現不一樣的效果。

話雖如此，突然要你閱讀書本的同時，用自己的大腦深思，你可能會不知所措，可以先**把自己當下的感想或想法，寫在書中或紙上**，慢慢培養這個技能。

正如前面不斷提到，你可以寫下自己的評論，能夠認同或反對的見解要畫○或×，或是標記重點，也可以寫一些反駁的話語。這樣的反應，才可以讓你從單純的被動，轉換成主動的閱讀。

然後進一步把閱覽到的內容，帶入自己的生活中試著實行，這就能讓你的閱讀方式變得更加積極。

例如我的拙作《記憶的技術》中，提到睡前五分鐘增進記憶的方法。如果我們只是單純看過，就會覺得：「啊，原來是這樣，也有這種方式。」從此沒有下文。但也不要武斷批評：「只用睡前五分鐘，哪記得住東西！」你應該實際嘗試。

屆時覺得「果然做不到」也行，或是覺得「持續進行或許能記住，再試個兩、三天看看」也無妨。如果在自己的心中浮現這樣的對話和行動，就表示你透過書本主動學到了某個要點。當然就算沒能付諸行動，只有思考和反駁也無妨。不實踐、不思考推演、心不在焉的讀書，就如同看著景色從眼前溜過，只停留在完成式就結束了。

如何讓內容存留在自己的心中，成為實現夢想的食糧，為此應該注意書中的哪處？又該如何閱讀？不斷在腦中思考這一點，主動吸收養分，是一個很重要的閱讀技巧。

第三章

閱讀的竅門——什麼樣的內容，該怎麼讀？

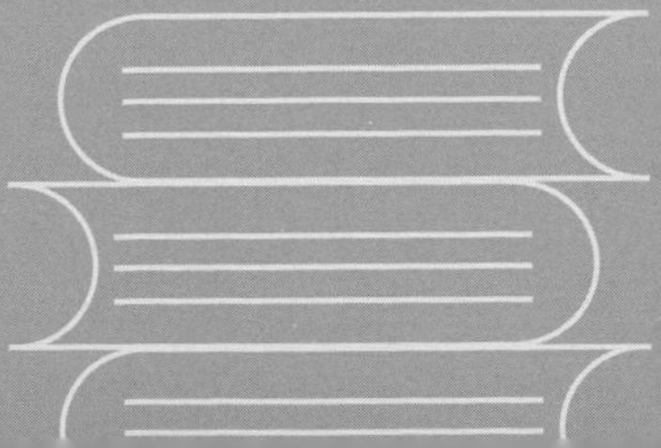

1 無負擔的閱讀：吸收資訊，無助大腦

我平常會接觸一群，以通過司法考試等各種測驗為目標、努力學習的人。其中有一部分的人會認為自己「不擅長讀書」，他們的共通點就在於不太常看書。

以我觀察補習班的考生當中，會發現過去不太看書的人，要習慣閱讀得花上一段時間。也就是說，就算學習同一本教科書，他們仍需要耗費多一點的時間，去培養領悟和理解內容的能力，所以為了掌握此技能，最必要的仍然是大量閱讀。

我不建議你讀三十分鐘或一小時就能看完的輕量書，最好選擇會長時間閱覽的書籍。因為當你閱讀要花好幾天才能讀完的書本，比較能夠「訓練」大腦。

就算你非常仔細的看最近受歡迎的輕量書或作品等，其實那大都是在搭新幹線途中，就能讀完的簡單內容。利用這些書獲得資訊很方便，但想訓練大腦或思考能力到一定程度的話，就不太適合了。

我就讀高中的時候，第一次翻閱日本著名思想家新渡戶稻造著作的《武士道》。

對當時的我來說，這本書的內容相當艱澀，可是一旦我反覆挑戰好幾次後，終於能融入書中的涵義，並深受感動。

透過武士絕對不拔刀的尊貴思想，我學到了武士道的極致就是和平。這股強烈的衝擊，從年輕時就一直銘刻在我心中。

由此可見，想從書中獲得收穫，有時增加「負擔」是必要的。

2

一本讀不快的書，思考能力成長很快

分別好幾天讀同一本書的好處，就在於能一邊回想昨天讀過的內容，並「聯結」今天看到的部分。換句話說，透過回想自己昨天讀到什麼，可以在腦中**訓練歸納的能力**。

隔一段時間重新開始閱讀，就必須動腦結合曾經中斷的部分，而這段過程即可鍛鍊大腦，加速進入書中的世界。稍微讓大腦受到負擔，能持續提升腦部運作的功能。像是耗費大量時間閱覽長篇小說、或艱澀厚重的經典，想必這能成為最佳磨練的工具，只要辛苦熬過，肯定會有美好的收穫等著你。

讀書就恰如鍛鍊肌肉，施加一二〇%的負擔後，便能大幅提高讀解力。這不只限於不擅長閱讀的人，我希望愛好看書的讀者也務必嘗試。試著集中精神讀一、兩個小時，卻只前進二十頁等費心勞力的書籍，必然會讓自己有所成長。

以愛好閱讀聞名的LIFENET生命保險公司創辦人出口治明，也曾在書中提到：「厚重的書大都含有深厚的內容，因為**沒內容的人不會想寫冗長的作品。**」花費時間辛苦閱讀，必定能發展某種潛力。

請相信這一點，試著挑戰具有負荷的書籍。

3 能快速閱讀，就能做好工作

「該如何閱讀才好呢？」考生經常會問我讀書的方式，這時我一定會給這三點建議：

1. 帶著「速度感」閱讀。
2. 看書時，一邊思考「也就是說……」。
3. 一邊「推理」結論，繼續研讀下去。

意識以上三點閱讀習慣，就算是不擅長文字的人，也會獲得顯著的讀解能力。實際上有許多考生忠實執行這三項原項，最後如願及格，考上理想目標。接下來我會針對這三點詳細說明。

首先是具備速度感閱讀。

加快速度的好處，在於能夠大量吸收知識。閱讀的次數越多，累積的智慧就會一同成長，而且快速閱覽會增加負擔、鍛鍊大腦，所以請試著限制時間，練習迅速閱讀。

進一步來說，這項功用能給予工作或生活不少幫助，因此我們的人生無論經歷多少大小事，都少不了看書。

假設你從事法律的實務工作，肯定會遇到許多必須快速閱覽大量資料的狀況，如果無法加快速度，想必工作會很吃力。一個人的頭腦聰不聰明或有無創意是其次，前提是**必須快速閱讀才能把工作做好**。

例如當法官即將宣判一項備受社會矚目的案件，這時律師就必須立刻理解判決內容，並向在法院前等待的支持者或媒體，舉起勝訴或不當判決等布條。有時還要在宣判結果的三十分鐘後，舉行記者會解說判決的重點，且表明評論。

如果是最高法院宣告的裁定，判決書也會變得冗長。因此，你必須在三十分鐘內讀通，並找出「這是至今判決中，不曾有過的法律解釋」或「這裡顯示本次的全新根據」等重點。若解說錯誤可就慘了，所以必須集中精神，快速翻閱判決書，理解其涵義。這段時間產生的緊張感，實在是非比尋常。

當然不是所有人都是法律專業人員，但不管任何工作或立場，快速閱讀都會成為你的最佳武器。

4

推理猜錯時，要懂得享受差距

針對掌握不了書中意義的人，一邊思考「也就是說……」、一邊閱讀是最佳訣竅。換句話說，**每當你讀到一個段落、章節，都要延伸思索該作者想表達的內容**，並持續閱讀。

因此就算是厚重艱澀的書籍，也能一一讀通。一旦習慣這種讀書方式後，就能輕鬆吸收文字效果。各位平常在**閱讀報紙、週刊雜誌或專欄文章時，可以一邊實踐「也就是說……」、一邊繼續閱讀**，像是：「也就是這個人想說……」、「到頭來他是想表達這家餐廳很好吃」或「他想傳達不推薦這裡」。

透過這項技能就可以有效做出結論，所以持續這種方式，最後肯定能領悟文字想傳達的力量。

我前面提到，書本是思考的素材，閱讀是為了加深自己的見解。不過要確實掌握作者想表達的涵義，我們才能感受「那是錯的」或「這裡應該是這樣」等，深化自己的思考能力，才可有效判斷。

意識「也就是說……」，確實理解內容，並仔細閱讀，可說是一種從正面進攻的讀書法。如果能在看書時延伸其意義，那下一個步驟就是透過推理導出結論。

不只是教科書或考試問題，報紙的社論或小說也一樣，**先看標題，再推測這篇文章想提出什麼主張**，且持續閱讀。另外，我也建議，當自己的推論和實際結果截然不同時，要懂得享受那種差距。為什麼？因為其他人不會照自己的預測行動，這能成為理解他人和自己不同的一種契機，例如「自己是這麼想，但別人是那樣想」等。

事先練習手邊的材料，探求自己對未來或對方的想法，這不只限於學習法律的應用上，一般工作或實際生活中也能派上用場。「會有人投稿這樣的文章，大概是因為背後隱藏某種需求」或「這封郵件真正的用意是什麼？」等，藉由這種方式能學會尊重對方。

閱讀時，像這樣思考「也就是說……」、一邊推理結果，不僅能在學習或工作上發揮作用，這也讓閱讀本身變得更加快樂。

5

沒時間讀，如何「大略看過」？

有時工作上，必須在短時間內，讀完好幾本書或文件資料。「明天會請您接受這個題目的採訪，我們已準備好相關書籍，請在明天之前讀完。」聽到工作人員這麼說，頓時會讓我不知所措，因此我必須用工作的空檔或移動時間，「一目十行」的快速閱讀。

為了快速且確實理解內容，我通常會把文章分成好幾個範圍，一次讀三到五行，利用這個方式進行「區塊閱讀」。當然，在毫無背景等全新領域的情況下，剛開始必須一行一行的仔細閱讀，所以區塊閱讀只限於已經具有某種程度的知識，或已經理解的範疇中。

如果是法律書籍，對我來說是很熟悉的領域，所以我會把書攤開斜放，一次閱讀兩頁。**沒有令人在意的關鍵詞就跳到下一頁，但如果有覺得奇怪的地方或是重點，我會一次讀完該內容周圍的三到五行。**

一行一行細讀的確會花費許多時間，也容易忘記其資訊。若快速的一次讀三到五行，訊息即使會有些模糊，但可以掌握概要。要說這是讀，不如說是看。

我們在看東西時，有分「細部」和「綱要」，讀書也能利用大致看過的方法。剛開始可能會不協調，但習慣之後，就能把三到五行當作一個區塊，並確實領悟其內容，這真是不可思議。

依書本而異，實行區塊閱讀，一本書大約三十分鐘內就能讀完。假設工作結束後，只剩三至四小時，利用此方法就能讀完五、六本書。

忙到沒時間看書的人，請務必嘗試區塊閱讀的技巧。速讀卻能記住內容，其效用一定會令你驚訝。

6

注意「但是」——那是作者的主張

看書必須意識速度時，若遇到換行次數比較多的書籍，我有時只會看上半部，一邊注意接續詞「但是」並往下解讀，因為這後面通常會聯結較重要的文章。

連接詞是用來互相結合兩個或兩個以上的詞、語或句，以顯示兩者關係的功用。「所以」、「因此」、「於是」等順接連接詞，會依據前文的原因或理由來描述結果。例如：「下雨了，所以我帶傘過去。」

另一方面，**「可是」**、**「但是」**、**「然而」等逆接連接詞**是表達與前文相反的結論，例如：「下雨了，但是我沒帶傘。」像這樣光看接續詞，就能大略推測後面銜接的內容。因為**逆接連接詞的後面，大都會出現作者的主張**。特別是換行過後的內容，大都會敘述重要的意見，所以一定要試著留意。

以齋藤孝教授寫的《讀書力》為例，試著尋找換行後用「但是」開頭的文章，仔細確認後就能發現，只有少數幾處出現此連接詞。因此僅要注意那些逆接的段落，就能明白這位作者的主張。

例如該書提到：「想讓年輕人閱讀書籍也是一種教育欲望，**『但是』**露骨的展現出自己的渴望，對方不見得會聽從。」他還說：「現代社會已經不會認真看待自我形成的問題，**『可是』**自我形成已成為一個無法避而不談的問題。」從這段話就能一目瞭然，作者希望透過閱讀促使成長的問題意識。

既然如此，看書時一邊檢視文章的上半部，同時留意逆接連接詞出現的位置，即可確實理解內容，這就是閱讀的訣竅。

最近不論新書（按：此處指日本為方便攜帶而生的開本，寬十．五公分、高十七．三公分，主要使用於非文學作品）或平裝書，很勤快換行的著作都變多了。若各位想帶著速度感翻閱，請確實執行以上我說明的方法。速度的快慢因人而異，但人們多少會有想速讀的時候，此時你就要並用前面介紹的區塊閱讀，加快吸收大量知識的效率。

7 書本不用從頭依序往下讀

你知道嗎？最近書籍下的標題都非常具體，有時只要看目錄幾乎能了解其內容，所以我習慣先把目次看過一遍，再進行後續動作。

假如有個章名是「現在加入自衛隊好處多多」，就能馬上明白這個作者是支持部署自衛隊等立場的人。把成排的標題讀過一次，對這本書留下大概的印象後，接著我會看「結語」。

當然因書而異，不過普遍的書籍會在前言提出問題，或是引導讀者閱讀這本書；而結語的部分，大都會表明作者的結論或主張。

總之，**先看目次**對整本書留下概念後，**再看結語**就能大致掌握整體結論或主張，**接著要看的是「作者簡介」**。也就是看作者的為人，了解寫出這本書的人擁有什麼背景。**如果以上三個部分看起來都很有趣，我會回到前言**，然後開始閱覽本文。

簡單來說，讀者要先看目次，再看結語，最後確認作者簡歷，這三項若能引起好奇或歡樂，再讀前言並進入本文，此為我個人閱讀的順序，推薦給大家了解。

此外，我在讀內文時，還會注意章節「最初」和「最後」的文章。特別是最後的章節，大都會編寫近似歸納的內容，所以我會特別仔細確認，避免漏看重要的部分。

8 利用「小標」，三十分鐘讀完一本書

內文之間，到處會有小標，這些就是書本的要約，所以我非常重視。因為透過小標，就可以知道「原來此段落要表達這樣的內容」。

例如，我讀日本知名記者布施祐仁著作的《經濟性徵兵制》時，看到「美國的徵兵制」這個小標，就能立刻知道接下來要討論關於美國的徵兵制度；看到「拯救經濟危機的新兵招募」，也能從標題推測其內容。換句話說，只看小標也能推測各種事物。

必須詳細理解內容時，就需要謹慎的閱覽本文，但如果只想知道這本書

的概要，那跳讀小標就很足夠。

然後，當你有點在意該標題時，再仔細確認內文。例如我看到「類似拉皮條的街頭募集」等標題時，大致能想像其要說的內容，但這確實勾起我的好奇心，使我抱持疑問繼續閱讀此內容。善用這種方式，三十分鐘就能看完一部作品。若各位礙於時間的限制，無法仔細理解文字時，建議大家利用標題讀完一本書。

但是你必須注意，有些標題並不會呼應內文，那些聳動的文字，單純只為了吸引你的目光。所以不管任何書，大家記得最好先讀三、四個小標中的內容，確認標題確實歸納本文後，再做跳讀。下小標的規則或習慣會因書而異，請留意這一點。

9

注釋不是補充，會幫助你抓出根本內容

看書時，我也一定會留意「具體的例子」或「數字」。除此之外，我也會仔細確認「注釋」。作者獨有的實例、數字、具體名稱或場所，皆是該書的重點。更重要的是這些舉例或數字越不抽象，越能增加說服力。

向人說明理由時也一樣，舉出實例或數字就能使人認同，也比較容易傳達。我自己寫文章時，也會盡力加入具體例證或數字，這能成為根據，讓結論使人心服。

有些書籍則會添加許多注釋，特別是學術書籍。

一般人認為書中的注釋是「附加」的內容。但其實這大都是根本且重要的說明。注釋更能加深理解知識，這在專業書籍中特別常見。或許有人會覺得它很礙眼、麻煩，下意識省略不讀，但其實它會使你得到更具體的印象，或擴充解釋。

從作者的角度來看，便可清楚了解這一點。寫書時，針對一個詞彙會想更深入的解說，但這麼做會讓整體文章變得鬆散或拖泥帶水，因此這時會加以注明表達其意義。

為什麼會在這裡**加注釋？這是因為無論如何，作者都有想這麼做的想法或理由**，今後也請各位讀者務必要理解這一點。

總之，請連同本文一起閱讀注釋會比較好。這樣才能細心追尋作者的思考過程或脈絡。它絕對不是補充，寫的其實是根本性的內容，請明白這一點，並試著留心閱讀。

10

第二次的旅行總能弄清楚目的地

日本經濟學者兼教育家的小泉信三建議，同一本書要讀兩到三次。他的著作《讀書論》中提到：「不論艱澀和容易，同一本書應該再三閱讀。」理由在於，只讀一次不會懂整體的關係。**讀兩、三次後，才會明白作者真正要傳達的思想或各章節的重要性**。

西方有句格言：「重複是學習之母。」（Repetito est mater studiorum）因為重複參考同一本書好幾次，可以磨練自己的想法或思索方式。就算我經常只挑已標記重點的段落閱讀，我也會一次又一次重新研究該摘要，這樣就會有「原來如此，這裡和那裡有關係」等新的發現或感動。

嚴格來說，第一次閱讀，只不過是連續不斷的認識全新的事物；單方向的閱覽，就像購買單程票抵達某個目的地。但當你再次重頭閱讀時，你會發覺「這裡有伏筆！」等，看見目前與後面文章的關聯性。

也就是說，這能釐清前後的關係、一貫性、整體樣貌或體系，更理解作者想表達的核心。就好比第二次的旅行，會更清楚目的地周圍的風景或樣貌，能比第一次更加享受旅程。因此，一旦你進一步讀到第三次後，就可以反映自己的觀念或思想，更加吸收內容。

我個人也習慣重要的書，一定會讀第二次、第三次，因為每一次都會有新的發現和感動。如果感覺自己跟閱讀前判若兩人，那肯定是書本的力量正在使你成長。

如果只是純粹吸收資訊，那讀一次就夠了。但若又想讓自己發展潛力，重要的書應該讀第二次、第三次。即便是昨天剛看完的書，再讀一次也能找到一塊新大陸。卓越的著作不管讀幾次，都能有全新的領悟。

這使我想到，我有一個朋友習慣一部電影會看五次。他認為每次觀看都會有不同的發現，所以樂此不疲。讀書也一樣，反覆參考同一本教科書，可以增強自己不擅長的技能，讓人累積自信。當你察覺不曾造訪的領域時，也會增加樂趣或興致。

記住，重要的書不管讀幾次，都會有收穫。

11

知性有兩種類型，快慢皆好

實體書的好處，在於可以擁有思考的時間。

電視或廣播的資訊瞬間就會消失。如果是書本就能一直留在身邊，閱覽文章的同時，可以往前、往後隨興翻閱，或是可以一次擺出好幾本書仔細思考。像這樣具有一份「踏實感」在延伸見解方面，非常重要。

閱讀就像開車打D檔一樣慢速前進。大家普遍認為能夠臨機應變、靈活運轉腦筋的是聰明人；但我覺得能夠仔細、深入，且慢慢往下挖掘知識的人，才能吸收更豐富的營養。

我尊敬的升永英俊律師，也是打D檔思考的類型，他擁有天才般的靈活頭腦和記憶力。不過，他卻常說：「我要一個字、一個字仔細的讀，才會記得住。」而且真的讀得很緩慢、仔細又確實。

例如，當我為了趕上記者會拚命研究判決書時，他依舊在旁邊看得很從容不迫。對升永律師來說，為了仔細的理解文字，即使延後記者會的時間或如何都無所謂。他覺得，若記者因為延期就離開，那是他們本身的問題，重要的是這場官司的判決內容，和自己對此的見解。

我會速讀是為了趕上記者會的時間，升永律師則是在意某種本質，所以要慢慢了解裁定結果，兩者在目的意識和終點的設定上有所不同，讓我領悟到大人物果然不同凡響。確實頭腦的好壞或是否能幹，跟閱讀文章的速度並非成正比。

所以讀書的速度也一樣，只要能依狀況，配合自己的需求閱讀就好。當自己受到情勢所逼，必須敏捷閱讀的情況下，就帶著速度感看書，這是可以事先訓練的。

這麼一想，知性或許有兩種類型。一種是能精明且快速處理事物，另一種則是能堅持且持續深入思考，或是聯結不同事物創造出全新事物。並不是說哪一種比較好，只是性質不同。

閱讀大量書籍也能鍛鍊後者，也就是打D檔深入挖掘的知性。因此，人最適合藉由書本加深自我思考，深入發掘智慧。

12

閱讀多樣化，便不會自討苦吃

我認為所有學習的基礎在於書本。

追根究柢來說，要是少了閱讀的文化，人類不會如此進步。回顧過去，學習就是讀書。例如日本江戶時期的私塾或公立學校，教學中心就是閱讀中國經典；歐洲的貴族子弟通常不會去學校，而是聘請家庭教師精進學能。

人類是不同的個體，每個人需求也不一樣。吸收自己需要和追求的知識，才是真正的教育和學習。正因如此，我想大聲訴說閱讀的重要性。

日本作家村上春樹從小就喜歡讀書，他在《身為職業小說家》一書中提到，他的父母從來不會要求他準備考試，也不會禁止他看閒書。**不是只有學校成績好，才是用功讀書，我希望各位也能重視看書這種教育**。我常認為優秀的人才，是指擁有「多元觀點」的人。

深入挖掘和深化自身見解的同時，還能站在複合性的視角上，進行比較。換句話說，就是理解他人有不同見解，認為自身的想法不過是眾多想法的其中一種，能像這樣進行客觀思考，才是傑出的人。

若光是單純深化自己的思考，可能會掉入自以為是的陷阱裡。但透過書本接觸各個時代、地區、各種人群、多樣性的思考或生活方式，就能跟自己的閱歷做比較，同時加深見解，自我成長。

就算別人持有的意見和自己不同，也不要否定或瞧不起他們。因為一個人能擁有多樣性的想法，才稱得上優秀的人才。要讓自己培養複合觀點，具備多元化，最有效的方法就是大量閱讀。

書本正是思考的素材，我認為沒有比此更豐富、便宜、方便和充滿多樣性的工具了。

第四章

當你沒時間讀，不知讀哪本、或讀不下時….

1

站著閱讀，提高集中力

我希望大家能意識到閱讀的重要，不停活用書本。為了讓大家更享受閱讀，這個章節會介紹我自己正在實行的一些巧思。

首先，我想建議累積一堆書還沒看的人、或忙到沒時間閱讀的人，可以站著翻閱。我常在公司站著看書，這是因為我的房間堆積許多買了很久，卻一直放著不管，想說未來一定有時間看的書。

我白天會外出拜訪客戶，幾乎沒空回公司。直到晚上回來後，我才會第一眼就看到買了還沒讀的書山。

看到那座書山，我會不自覺的站在原地，隨手翻閱其中一本書。明明有自己的書桌和椅子，但我仍然會刻意站著閱讀。因為站立會使大腦比較清楚，能夠在短時間內集中精神，參考資訊。因為沒人能確保自己擁有充分的閱讀時間，一旦每天都很忙，就必須善用幾分鐘的空閒時光吸收知識。

即使剩下十分鐘必須出門時，我也會在公司一邊走動、一邊把握這段時間，快速把書看完；我也不想浪費等電車的時間，所以我會跑到車站內的書店，買一本眼前看到的書，直接在月臺上翻閱，或是在電車內抓著吊環，敏捷的閱讀書籍。由此可見，時間越有限，反而越會提高集中力。

像這樣，一旦習慣在外頭站著讀書，回到自己的房間，當然也會下意識站著看書。

回顧過去，我在準備司法考試的期間，也常一邊站著或走動、一邊參閱講義。因為沒有足夠的學習時間，我甚至會在出門的路上邊走邊看書。若換到現在，或許會跟邊走邊用手機的人一樣，遭到陌生人的好心警告。

這麼做確實很危險，我也不太敢大聲的向人推薦。不過想集中精神閱讀時，我還是建議大家可以試試以上介紹的方法。

2

盡情吐槽作者，就能獲得樂趣

不喜歡閱讀的人，通常會有「看書好難」或「閱讀等於學習」等，先入為主的觀念。不過各位只要把閱讀當成看電影或聽音樂一樣，輕鬆對待就好。

就像看電影、聽音樂會稍微受到打動一樣，只要書籍能讓內心產生某種感受就好。像是「好厲害」、「好可怕」或「咦？有這種事嗎？」僅要引起某種感觸就足夠。

所謂的成長，就是今天能比昨天的自己多一點改變，變得比之前更溫柔、更能理解痛苦，這就是出色的自我進步。

書本跟電影或音樂一樣，只要輕鬆享受，自然體會一些事物，即可加速成長。看書不是為了變聰明或課業進步，這之間的差距在於電影是用影像、音樂是用聲音訴說，而書本則是文字。

如果閱讀能像聲音或影像一樣，完全沉浸在語言的世界倒是無妨；但如果是無法融入文字，或是對此多少有抵抗感的人，請試著跟作者對話。就像作者在你眼前，自然聊天就好。那該如何跟作者溝通？就是「單口相聲」。

閱讀的同時，你可以不停反駁內容：「這是真的嗎？」、「不可能會有那種事」、「我不這麼認為」、「為什麼這個人要做這種事？」等。本書第二章也提到，閱讀就像在跟作者對話一樣。

就算單方面駁斥對方（書本），它不會有任何反應，但這樣下定論太貿然了。因為當你繼續閱讀到後面時，你會發現那本書確實回應你的辯駁，為你解答。

一本好書肯定會用某種方式回答讀者的疑問。當然你也能直接寫信給作者，或是參加他的演講，積極發問，但光靠「單口相聲」，一樣能充分享受對話，領悟真理。而且書本的魅力，在於能跨越古今中外、國境和民族，跟各式各樣的作者進行交流。

假如想跟古代羅馬人進行真實的對話，就必須準備時光機，而且還要會說拉丁語才能溝通。但古羅馬作品普遍皆已翻譯國字出版，因此請不停的向蘇格拉底（Socrates）、尼采（Friedrich Nietzscle）或莎士比亞（Willian Shakespeare）等世界級的偉人們吐槽，這樣的讀書方式，一定能讓你感到快樂，並自由享受書本獨有的妙趣。

3
閱讀不必設定完成期限，想看就看

或許，現代人出門一定會記得帶手機，卻不一定會帶書。反之，我卻習慣隨身帶書外出。特別是出差，必須長時間的移動，我若不事先塞幾本書籍在背包裡，會靜不下來。即便等電車或短程移動的空檔時間，我也一定會撥空閱讀。

例如，我任教的伊藤塾澀谷分校，旁邊是澀谷車站，我從該站到品川車站，只要短短的十分鐘。但這十分鐘，我就能讀不少數量的書籍。因此就算是這麼短的時間，我也一定會在電車內閱讀。

沒有帶書習慣的人，可以試著把書放在玄關。而且不只一本，準備好幾種類型的作品，可以讓自己配合當天的心情選書。真正喜歡看書的人，必定會把讀到一半的書放在玄關、床邊或客廳等各種地方。

或許會有人覺得，把書放在玄關根本不重要。不過，把書放在看得見或容易拿取的地方，就會逐漸改變習慣。為了消除內心的抵抗感，自身能做到什麼的巧思很重要。

我通常會同時讀四、五本書，所以當我外出時，通常不只攜帶一本，而是好幾本書籍。我不會一次看完一部作品，再看下一本，而是依照當時的心情，讀一下這本書，再讀一下那本書。為了讓自己隨時閱讀，我在背包上也下了工夫。我會刻意選有外袋設計的手提包，讓自己隨時都能翻閱，以及省去專程打開背包取書的麻煩。

姑且不論工作上必須參考完整書籍的狀況，反正沒人規定一定要一口氣讀完全部的文字。讀者可以在喜歡的地方，用舒服的方式，讀自己有興趣的書。懷著這種輕鬆的心情，看待閱讀不是很好嗎？

總之，就算是零碎的時間也要拿來閱讀，而不是滑手機，養成這種習慣很重要。

4

這般享受，逛書店的樂趣

「你都在哪裡買書呢？」偶爾會有人這樣問我。

我很常利用網路書店，也會去街上的大型書店或車站內的商店購買。當我想學習某個領域時，我會先在網站上搜尋，一次買好幾本相同主題的書。正如前述，有時我會一次買二十到三十本。

不僅如此，當我在外等電車或準備演講的空檔時，也會去書店。就算沒有指定的目標也一樣，我喜歡在書店閒晃，四處看看最近有什麼新的作品或其他有趣的書，同時享受那段時光與空間。

我通常在書店會先看暢銷書或商業書籍的部分，瀏覽一遍過後，會去文庫（按：此為日本書籍常用開本，寬十・五公分、高十四・八公分）或新書區域。特別是新書區每個月都會出好幾本新的著作，光看封面或封底都令人愉快。我還會大略掃過法律或憲法的書區，也就是自己的專業領域。

如果有多餘的時間，我會去看非專業領域的育兒或料理等實用書區，也會翻閱宇宙和生命科學、鐵道相關書籍，甚至是看介紹飛機或船隻的作品。只要是我感興趣或關心的話題，我會當場衝動購買。

但是攝影集等厚重書籍會增加行李重量，因此我通常會抄下書名，立刻在網路書店訂購，等宅配送來。

總之，就算只有幾分鐘，我一樣會勤快的往書店跑。我喜歡被書本圍繞，就像喜歡衣服的人會去服裝店一樣，僅是在充滿書籍的環境下，就會逐漸對書本產生興趣。

隨身攜帶書籍，是喜歡閱讀最確實的方法。

5

在哪兒讀？什麼姿勢？

閱讀時的姿勢也能有很多變化。

你可以挺直腰桿，也能躺在床上慵懶的看書。姿勢的不同也是享受閱讀的方式之一。

想跟作者認真對決時，可以抬頭挺胸的看書（不用到跪坐的地步）。一方面，你也能在身邊擺一杯咖啡，深坐在沙發上悠閒的閱讀。依書本的類型而異，試著改變自己的閱讀風格也很愉快，不是嗎？例如刻意到飯店的貴賓室或咖啡店當文青，翻閱書籍也是一種方式。

週六上午可以搭配早午餐或一杯咖啡等，試著空出一個小時的空檔，進入書中的世界。這就是特別的時間，讀者們可以試著演出心靈富裕的自己，並稍微陶醉一下，認為這種行為很「了不起」。的確要說這是邪魔歪道沒有錯，不過這能滿足自己、感受幸福，是一種讀書的理想樣貌。

在日本，你可以到東京代官山的蔦屋書店等稍微特別的場所，也可以去自己喜歡的咖啡廳；換上有朝氣的外出服，度過一段特別的讀書時光，享受幸福的片刻。

有些書籍的內容比較生硬，需要仔細和作者對話，所以要帶著緊張感閱讀，但不是所有的作品都這樣。閱讀不是只有繃緊神經，你可以擁有各種的看書風格。

重要的是，如何把閱讀時光變成日常生活的一部分。若能把讀書定位成一種特別的事物，詮釋成重要且快樂的時光之一，那自身也會更加滿足這段時間。

6 打開自己專屬的儀式，天天都是讀書天

我建議讀書時，要有一個自己專屬的「儀式」。

我規定伊藤塾的考生在上課前要關掉手機電源，這就是切換內心開關的方法之一。還有人會在學習前洗臉，或是正坐在書桌前等。

各位在閱讀時，可以事先訂立原則。例如規定自己在通往公司或學校的電車上，可以用手機看新聞或檢查郵件，但在返家的電車上一定要看書。抑或是約束自己在睡前三十分鐘關閉手機，利用時間閱讀等。

我的儀式是播放巴洛克音樂等寧靜樂曲，這樣的背景音樂會讓我打開閱

讀的機關。在鴉雀無聲的環境中，我反而靜不下心。我認識的朋友當中，也有人認為在電車上看書比較容易吸收，據說街上的喧囂雜音，反而會增進他的閱讀效果。

每個人都有不同的需求，請務必找到屬於自己的模式。

7

斬斷社交時間，培養思考力

你要特別意識閱讀時間，才能擬定充分的計畫。因為人往往會因為公事或雜事，忙得不可開交。光是看新聞報導、社群網站或玩遊戲，一轉眼，時光飛逝。

看看周圍，感覺現代人被手機占走太多時間，讓我不禁覺得如果把這拿來學習，到底又能創造多少時間？

很多人為了通過司法考試，會早起一小時，到了晚上會比平常更早回家看書，或把交際的時間拿來學習，但現在不一樣了。相反的，把學習的時間拿來滑手機的人，一直在增加。

當你看手機的時間化零為整，就有更多時間做有意義的事。這麼說或許嚴厲，但如果你有想實現的目標、夢想，那就必須狠下心來，斬斷多餘的壞習慣。

回頭想想，其實推特或臉書剛問世時，我也一直用手機頻繁發文，或是逐一回覆留言。因為對方專程向我表達想法，若不答覆他，我會感到抱歉。而且開始上社群網站後，閱讀的時間不斷減少，甚至在我工作結束後，也會一直黏在電腦桌前好幾個小時。

後來我才警覺，與其忙著社交，不如自己動腦思考或閱讀比較有意義，所以現在我已經不再使用推特或臉書。

如果是能巧妙運用社群網站的人倒是無妨，但像我這樣很難兩者兼顧的人，就必須當機立斷。

為了實現夢想，要確實空出自己的時間踏實前進？還是優先享受眼前的人際關係或欲望？下決定的只有你自己。

8

加入讀書會，碰撞新滋味

書本有趣的地方在於，感受內文的方式會因讀者而異，所以試著參考其他人的想法也是一種有趣的嘗試。理解與自己不同的角度或觀點，世界會變得更寬廣，進而自我成長。

感受會因自身的經驗、價值觀或平常關心的事物而異。這份差異沒有好壞之分，就算他人的看法與自己不同，也不需要認定自己的見解太過膚淺，而感到自卑。

不如說，因為互相碰撞各種感想，才能讓雙方產生新的刺激，使大家共同成長。這就是舉辦讀書會的意義，所以我很推薦大家藉由這項活動交流意見。但如果你覺得專程召開讀書會很麻煩，其實你也能向朋友簡單推薦自己讀過的書，聆聽對方的感想，即可達到相同效果。

但請各位要稍微留意，不要因為自己覺得有趣，而對方表示無聊，就感到失望。特別是親子、或公司主管和部屬等上下關係，地位高的人偶爾會用「你不懂這本書有趣的地方嗎？」或「你完全不懂」……高高在上的態度，把感想強加在對方身上。切記！這萬萬不行。

與其這樣，不如抱著「原來你是這樣的感受」，或「我們的觀點不一樣，可是好有趣」等心態，享受不同的理解方式，進一步加深彼此的交流，這是非常重要的觀念。

此外，有時會看到分析很尖銳的書評，那可能是專家精思熟讀後，發表的見解，理所當然跟自己的感想不同。當你發現有人表示不一樣的感想或意見時，請不要過度消極。反而要自然的面對他們，大家各有不同的觀點會比較有趣。

閱讀就是加深人際關係的有效工具。分享各自的見解、深度交流，也會使你的社交能力變得更好。讀書所建構的人際關係之一，就是讀者和自身的對話，也就是透過作者的觀點直接影響自己，深沉的理解產生縱向關係。

另一種則是和周圍的人對話，彼此闡述感想，可以強化和他人的橫向關係。「原來這個人有這樣的見解。」透過全新的發現，能讓雙方的關聯性更勝以往。

甚至，也能和自己對話：「原來這樣的故事會讓我感動」，或「原來我對這種文化感到興趣」等，透過閱讀去感受或思考，藉此打動內心，更加認識自己。

像這樣透過書本可以引起許多回響，還能更多元的理解他人，人際關係也會變得更加富裕。

9

剛柔並濟，軟硬兼施

透過和工作或學習相關的書籍，尋找思考素材來獲得資訊，這樣與其稱為閱讀，不如說是「探索」。

另一方面，為了休閒娛樂或興趣，翻閱自己喜歡的海洋小說、推理或歷史小說等，特別是描寫帆船時代的故事，會讓我興奮。甚至每當我閱讀英國的海洋小說時，更會徹底沉浸在書中的世界，著迷的埋頭探索。

這種能放鬆心情或放空的書籍，最適合拿來逃避現實。因為過度思考會使大腦過熱，甚而摧毀自己的心情，所以這時藉由娛樂書籍，進入一個完全不同的世界，即可達到休息的效果，又能恢復自我，療癒消耗殆盡的大腦或心靈。

前面提到，閱讀是一種串聯他人想法和自己的作業，但有時也必須紓解大腦，別讓他人的思想過度影響自己，胡思亂想。看書要結合思考素材，也要娛樂自己，這能使你沉浸在夢境中，踏實推動真正的夢想。

話說回來，僅花費一千日圓（約等於新臺幣兩百二十元）左右購買一本書，就能讓人體驗各種事物，這真是世上最美好的事。與其浪費一千日圓在莫名其妙的活動上，不如買一本能實現夢想的書，充實自我。我相信各位讀者，一定能察覺這兩者之間巨大的差異。

10

有體力才有腦力

這篇或許有一點離題，但我想寫一些關於閱讀和體力之間的關係。你可能會覺得這兩者毫無關聯，然而我認為要持之以恆的閱讀，最需要的是鍛鍊身體。

我聽說一整天都坐在電腦桌前工作的人之中，有很多人習慣跑馬拉松或上健身房活動筋骨。由此可見，人們為了持續工作或學習，必須動腦或鍛鍊心靈，所以基礎體力最不可或缺。

最新的腦科學研究發現，大腦、心靈和身體尚未有明確的界線。**有強健**

的肉體，大腦才會活潑運作，也能維持強韌的精神。正因如此，想要藉由大量的書籍吸取資訊，最重要的是體力。

從事腦力工作的人，常會忘記身體健康的重要性。難以啟齒的是，我也曾一度覺得運動會傷膝蓋，但最近我驚覺不運動不行。

我平常會在伊藤塾講課，也會外出演講，或以律師的身分出庭。不管身體有多麼疲憊，唯獨不會缺席授課。一堂課是三小時，每天會上兩堂課，甚至三堂，一共會花九個小時，我在這段時間內必須站立，並用肚子發聲，持續腹式呼吸，最後總是筋疲力盡。幸運的是這個行為，不知不覺鍛鍊我的體力，所以我才能在伊藤塾連續教書二十年以上。

總而言之，實現夢想或目標時，最要緊的是擁有健壯的身體。為了在逆境或批評中，貫徹不服輸的堅強意志，記得鍛鍊基礎體力，不要怠慢。

11 有自己的一番見解，怎麼讀是你的自由

從結論來說，其實只要照自己的方式理解書本就好，因為閱讀沒有正確答案。小林秀雄介紹過這樣的趣事：某次他的女兒拿著國語考卷，對著他說：「我完全看不懂這篇文章。」讀過一次後，他發現文章確實很拙劣，於是小林秀雄告訴他的女兒：「妳只要在考卷上回答：『這種東西我看不懂』就好。」但這篇文章正是摘自他本人的作品。

他在《關於閱讀》中提到：「我寫作長達三十年，所以發表過各種著作。但當我越想寫好文章，腦袋就越不自由，我的經驗不容分說的表達這一

點。」無法自由掌控自己的作品。換句話說，閱讀會因為讀者的理解方式，出現完全不同的領會。

不管是閱讀小說、哲學書或商業書籍，**每位讀者都有各自的一套見解。作者無法強制讀者要這樣讀，或那樣感受**。因為書本光是完稿還不算完整大功告成，將書本送到讀者手邊，透過他們的解讀，才能獲得圓滿的成果。

作者傳遞的資訊，讀者要如何理解和解釋？理解方式會因人而異，不一樣很正常，沒有規定哪種正確或錯誤，各位可以自由想像和解釋作者想傳達的核心。書籍的出版是以受到讀者閱讀為前提，所以把書拿在手上的人，只要照自己的方式閱覽就好。

光是丟球沒有意義，要有接球的人才能完成一系列的動作。讀者可說是協助作者完成著作和自我實現的存在。帶著這樣的意識閱讀，就能和作家站在同等的立場，觸及作品並產生樂趣。記住，最後完成這個作品的是讀者，所以**要怎麼閱讀都行**，你可以盡情感受。這麼一想，閱讀的門檻就會降低許多，想法也會更加自由。

只要跟隨自己的經驗或思想，理解內文就好，就算感想和書評、或外界的評論不同，也完全不用在意。

小林秀雄在《關於閱讀》中寫到：「要理解文章的魅力，任何人都只能依靠本身內心的感受。」也就是說，只要憑自己的感覺自由閱讀就好。不管別人說什麼，自己愛怎麼吸收、解釋都行。

第五章

沒有誰能埋沒你——書是試金石

1 書是生命的解藥，去書店走走吧

每個人在生命中，多少會經歷碰壁、挫折或跌到谷底等體驗。此時，成為力量支撐自己的，不是淺薄空泛的社群網站，而是書本或更深化的人際關係等，最接近人類本質之物。

回顧過去，讓我重拾希望的最大力量，正是各式各樣的書籍。

有一陣子我站在人生的岔路上，心中苦惱不堪。這時出現在我眼前的是《三國志》。透過這本書，我能夠埋首在另一個世界，也能忘記痛苦的事情，像這樣接觸雄偉的人生連續劇，也讓我變得更客觀。

奧地利神經學家維克多．弗蘭克（Viktor E. Frankl）所著的《活出意義來》（*Men's Search For Meaning*），及俄國小說家列夫．托爾斯泰（Leo Nikolayevich Tolstoy）的《戰爭與和平》（*War and Peace*）這兩本書，也給我很大的力量。這些著作能鼓舞自己：「現在不是為了這種小事煩惱的時候，在絕望的深淵中，才能考驗人類真正的價值。」

閱讀曾在人生的各種局面，拯救、扶持了我。正是因為書本的支撐，使我跨越難關。

人類很難理解沒經驗過的事情，但書本會提供幫助。如果因為閱讀獲得知識，或感到幸福，自然就會更愛看書，產生正面的連鎖循環。至今累積的智慧讓你得到多少好處，這和你有無閱讀習慣有關。

一本書會改變一個人的人生。世界上也有原本打算自殺，卻藉由閱讀止住念頭的人。甚至還有醫學證據指出，愛閱讀的人比較少得憂鬱症。我也相信各位，多少都曾有藉由書本獲救或改觀的經驗。

因此，我強烈希望大家透過閱讀改變自己，體驗幸福的滋味。

2 當下不認同的想法，日後總能啟發我心

即便是同一部作品，也會因為閱讀的年齡或當時的煩惱、經驗或知識，而有不同的領會。依時機而異，同一本書會產生完全不一樣的意義。

我第一次閱讀古希臘哲學家柏拉圖（Plato）的《蘇格拉底的申辯》（*Apology of Socrates*），是我就讀高中的時期。其中有一堂課必須選擇一位哲學家發表演講，而我介紹的就是古希臘哲學家蘇格拉底。為何我會選他？其契機可追溯到我國二從父親的外派地德國，獨自返回日本的時候。

我原本打算在回國途中，順路到雅典的奧林匹亞遺跡觀光，結果不小心

搭錯公車，抵達德爾菲遺跡。這裡正是指出蘇格拉底是全雅典最聰明的人的場所，也就是世界聞名的德爾菲神殿（按：祭祀太陽神阿波羅）。

因為我在無意中，有緣造訪此地，所以我在倫理與社會課上，很自然的選擇蘇格拉底作為報告主題。話雖如此，當時對還是高中生的我來說，《蘇格拉底的申辯》沒有造成太大的感動。

蘇格拉底遭人嫁禍而身陷牢獄之災，最後卻堅持惡法亦法，選擇遵從審判的結果，最後服毒身亡。我當時無法認同這樣的生活方式，甚至覺得雅典市民居然會判這位偉大的哲學家死刑，實在是太蠢了。

之後，我在準備司法考試的期間，蘇格拉底的「無知之知」論點（相較於自以為知道的人，自覺無知的人比較聰明），才徹底打動我的內心。而我第一次因為考試落榜，感到沮喪時，碰巧翻閱到蘇格拉底對死後世界的看法，頓時靈光一閃，察覺原來考試只會出兩種問題，就是考驗自己知道、和不知道的知識。這對我來說是一大發現。

只要腳踏實地的學會我還不知道的法律知識，累積一定程度，就能確實合格，這簡單的原理使我順利通過司法考試，也是我日後指導學生應考時的核心思維。

3

考好不是讀書的目標，別以考試決定人生

之後，我一有機會就會拿起《蘇格拉底的申辯》反覆閱讀。隨著年紀增長，蘇格拉底曾說：「死亡是一種幸福。」這句話，更讓我感到共鳴。

蘇格拉底認為，如果死亡能讓自己完全消失，就能從煩惱或思考中得到解放，對現在而言，已經沒有比這更幸福的事情。反之，如果有死後的世界，就能在那裡，和已經逝世的古希臘詩人赫西俄德（Hesiod）或荷馬（Homer）等自由議論，所以這也是一種快樂。

換句話說，死亡沒有絲毫的不幸。他闡述了「生死等價」的真理。

我注意到這一點後便能理解，無論考試有沒有合格，成功或失敗，到頭來都能幸福且生命等價。就算通過考試也未必會幸福，而不及格也不一定會不幸。不論合格與否都不用擔心，因為決定未來的是你自己。

所以當我開始指導考生後，我能藉由實際感受，大聲的告訴他們：「不論成功與否，人類的價值皆相等。」

4

重讀一本書——書是一面鏡子，反映你的狀態

我今年已經六十幾歲，到了這個年紀，身邊的親人會逐漸離開這個世界，自己也會意識生命的存亡。這使我想起，最後蘇格拉底在法庭上被宣判死刑時，他所留下的一段話：

「分手的時候到了，我去死，你們去活，誰的去路好，唯有神知道。」

也就是說，因為人類的生命是同等價值，所以不用害怕死亡。擔心自己可能馬上會沒命，或欣喜自己還活在這世上都沒有意義。只要拚命活在當下，不論生死都可以感到幸福。我一直到了這個年紀，才從《蘇格拉底的申辯》中理解到這個真理。

就像這樣，在人生中反覆閱讀同一本書，你的感受會依當時的狀況，逐漸改變。就算是相同的作品，也會依閱讀者的成長程度、當時的問題意識或懷抱的課題，使人產生完全不同的領悟。

書本正是自己的鏡子，它能觀看鏡面上的自我。換句話說，透過書本獲得的感受或領會，能反映出自己目前的狀態。

書本會配合讀者的年齡或成長，使人改變讀解方式。書籍會在什麼時機使我們吸收怎麼樣的知識，因人而異。現在沒有看書的習慣也不用慌張，或許是閱讀的時機還沒到而已。

隨著內心的成長，我們能夠培養獨立的思考方式、創新的價值觀，或慢慢製造自己的一把尺後，便能領悟書中的涵義，發現也會有所不同，讓心態逐漸產生變化。

5

看到一篇好文章就足以改變人的一生

現在我的手邊有一本詩集，那是曾在第二次世界大戰，被日本政府派往中國作戰的陸軍二等兵渡部良三寫的《詩集：微小的抵抗》。由於這本書介紹的內容過於強烈，不忍閱讀的讀者可以跳過這一篇，但我不得不說，它的內容真的非常撼動人心。

我是在日本論壇雜誌《世界》讀到，日本大學研究所蟻川恒正教授的論文〈個人尊嚴與第九條〉，才知道有這本詩集的存在。讀了這篇論文後，我無法抑制自己的淚水。

這本詩集的作者在戰後成為國家公務員，他退休年過古稀後，才決定出版這個作品。詩集記錄了他本人在新兵時代的訓練中，實際遭遇最悽慘的經驗，那就是虐殺戰俘：

「不知道訓練要殺人，傳聞似乎是真的。」

一九四四年的春天，作者渡部良三所屬的部隊實施了這項訓練。新兵們不是站在遠處射殺對方，而是依序拿著短刀，近距離刺入一個活人體內，殺死一個生命。

所有同袍都遵從長官的命令，依序刺殺戰俘。終於輪到作者——然而他是一名虔誠的基督教徒。

躊躇的他聽見上天傳來的聲音：

「我聽見偉大之人宏亮的教誨：『拒絕虐殺，賭上性命。』」

作者當下拒絕殺人。我想各位讀者都能簡單想像後續的發展，違背上級命令的他受到極為嚴厲的制裁。但令他感到痛苦的，不是肉體上的疼痛，而是「為何當時除了抗命之外，我沒有站到被綁在樹上的戰俘前，說服教官或同袍不能虐殺？」這使他終生感到後悔。

按照當時的狀況，光是新兵拒絕上級的命令，就已經是奇蹟般的行為，若要擋在戰俘面前，說服眾人不能殺害生命，根本是不可能的事。但作者仍舊為此感到痛苦。

戰爭就是殘殺生命的現場，在那支配人心的是「與其被殺，不如殺人」的課題。所以人類必須毫不猶豫的殺人，即使身心都會遭受殘忍的破壞，這就是戰場。這本詩集描述的是無法想像的慘烈情況，跟當時殘留下來的後悔。作者在戰後也推崇人類該有的良心，自然打動了我。

閱讀渡部良三創作的每一首詩，我總是不禁想問：「他是抱著什麼樣的心情寫下這首詩？」每當想像那份痛苦，我就說不出話來，所以我更加確信人類絕對不能主動引發戰爭。

之後，我徵求蟻川教授和出版社的同意，影印這篇論文發給所有的考生。恰好這群學生和當時渡部良三接受徵兵的年紀相仿，因此我盼望他們能理解作者的想法，在這世界上增加心繫和平的人。

書本有撼動靈魂的力量，也有向眾人傳達意念的魔力。我相信只要一本書、短短一篇文章，都有能力建構出美好的未來。

6

喜怒哀樂要感受而非掩飾，才是成長

人類只能透過別人理解自己，他人是自己的明鏡，人類少了這面鏡子，就無法理解自己的存在。閱讀這件事，正是透過作者這個陌生人，也就是透過鏡子理解自我。

藉由作者的生活態度、價值觀或見解，領會某件事情或是思考。憑藉自己是這樣理解或感受，才能更加認識自我。那和閱讀前，也就是和作者相遇之前的自己是截然不同的。你會變得更溫柔，或思慮變得更加深入，抑或能感受事物的艱苦之處。透過書本和作者相逢，自己就會自然成長；理性、知性或情感，也會變得更加豐富。

閱讀書本感受某種情緒，就算是痛苦或悲傷、或是「看完之後反而更不懂」等不可理解的心情，這也表示自己確實受到外界刺激，產生某種心態，固然能提升自我發展。

人生在世，有時盡量降低喜怒哀樂的波動，讓自己沒有任何感受或許會比較輕鬆。但我認為那不是成長，單純只是掩飾的技巧變好罷了。感受許多更悲傷或難受的事情時，總有辦法跨越它，而實踐這樣的力量，才稱得上真正的成長。

當你閱讀後，覺得今天的自己和昨天有些許的不同，那就是出色的進步。我相信透過累積下來的經驗，面對今後多少的困難，必然能順利克服。

7 人類不過是扛著一具屍體的小小靈魂

日本詩人長田弘在他的詩集《世界是一本書》，有這麼一段話：

「人類不過是扛著一具屍體的小小靈魂。」

我當下看到這句話，內心不停顫抖。「我」這個人類的身體，如果少了靈魂就只是一具屍體。我之所以是我，是因為那具屍體中寄宿著靈魂，正因如此，我必須持續鍛鍊心靈，因為那才是我的本質。

讀了這本書後，我領悟到肉體有限，但靈魂是無限的。就算你想讓肌肉變得更發達，也不能無止境的鍛鍊，因為人體是由細胞物質組成，擁有其極限，必然會有結束的一天，靈魂卻是無限的。

人類的思想或精神能超越時代、空間，飛往任何地方，並向外擴散。即使離開人世，自己的思想也能傳達給子孫。無限的心靈能使我們無止境的成長。該如何鍛鍊靈魂使其成長，這就成了肉體消滅成為屍體前的重要課題。

閱讀會進一步磨練靈魂。透過書本，人類可以深度面對自己的心靈，與作者對話，當然就會逐漸成長。

8 有畫面的想像力，總來自閱讀的刺激

人類是唯一能靠視覺和聽覺獲得資訊，並藉此在腦中發揮想像力，創造穩定世界的動物。在腦中轉換外界進來的訊息，形成思考的作業稱為理性行為。人類之所以為人類，是因為我們能夠理性思索。

這是一種非常高難度的作業。其中，用自己的大腦思考或轉換時，最花腦力的是文字。影像、圖片或聲音會直接進入大腦，而我們看到文字的當下，則必須在腦中朗誦，再轉換成實際的意義，且大腦會依序閱讀成列的文字，順著往下理解書本的資訊。換句話說，要在腦中把平面的文字轉換成立

體概念，或跳脫時間和空間，創造無限的可能，只有人類辦得到。

總而言之，大量閱讀能磨練大腦、發展心靈。我認為在書本上得到的衝擊，會比透過影像或聲音還要來得多。假如是影像的資訊，你只能看到部分擷取的內容；就算螢幕上出現廣大的沙漠風景，那也只不過是鏡頭拍到一小部分的場景罷了。

但文字組成的內容，其印象會隨著想像無限擴張。顏色、形狀、大小、時間……要怎麼想像是你的自由，這種創造力永無止境。

我也會善用時下流行的YouTube等平臺觀看影片，所以我不會否定它，但它省略了精簡文字等，是最辛苦又刺激的轉換工程。

顧名思義，文字與影像分別對大腦或心靈造成的負擔不同。影片比較輕鬆，卻缺乏刺激，沒有了刺激就不會產生感動或求知欲。藉由書本的文字資訊建構立體世界，這種喜悅依舊無可取代。

人類會思考各處收集起來的資訊，重新組裝，然後視情況將其產出。最適合維持這種理性行為的工具，就是書本，因為它能同時鍛鍊大腦和心靈。

9

人身上各有金礦，書是試金石

人類看似很理解自己，但其實一無所知。不清楚自身的資質或才能，也不曉得我們到底適合做什麼。

村上春樹曾經在書中提到，人類的才能就像油田或金礦，就算潛力再豐富，不挖掘的話永遠只會深埋地底。要找到埋沒的金礦，也就是夢想，就必須起心動念，並實際拿起鐘子開挖，而且不管遇到多麼堅固的岩盤，你都不可中途放棄，你要堅定心靈。

伊藤塾大都聚集未來想進司法界、或成為公務員的考生，但仍有人會懷疑自己是否適合擔任公職，所以大都還是要先動手，深入挖掘自己的內心，找到尚未發掘的潛能，才會知道自身該往哪條道路前進。當然，途中會遇到迷惘或挫折，有時會覺得這裡沒有任何收穫，或後悔當下的決定。

即便如此還是要相信自己，堅強的探求進步，唯獨這樣的人才能找到金礦。當你感到挫折時，能激勵或點醒自己的最佳工具，就是書本。我永遠相信閱讀各種書籍，就能跨越困難。

我原本是容易負面思考的人，因為書籍的協助，讓我轉換正面思考，並一路支撐我的心靈。我努力翻閱大量的書籍，吸收思考的素材，持續鍛鍊思想，才造就現在的自己。

不會有人一開始就知道自己生存的意義，每個人都是經歷過各種事物後，才會逐漸看見自己該完成的目標。夢想越大，越容易敬而遠之，很多人會說這不適合自己，在拿起鏟子前就放棄未來。

因此，為了不讓這種狀況發生，引領入門或製造向下挖掘的契機，就是我終生的任務。

10 人無法憑空發想，書是思考的推進器

閱讀的目的是什麼？有人當作娛樂或轉換心情；也有人是為了獲得知識或資訊。但我認為閱讀的最大目的是加深思考。為了思索，必須有某種程度的知識，所以我才會閱讀。吸收知識不是最終的目的，是為了收集知識，當作思考的素材。

話雖如此，我不太有機會能把累積起來的智慧，直接表現給大眾認識，也不認為這麼做有其意義。例如我不會為了炒熱氣氛，隨性展現自己多麼偉大又聰明。

此外，憲法等法律相關的知識也一樣，既然書上有寫，那我就不用專程說明書中每個段落。

我做的不是照本宣科，而是以書中的內容為基礎，加入我的思考或變更部分內容，有效的對外產出。

因此書本對我來說一直都是思考的素材。不管是必須閱讀的教科書或參考書，還是自我啟發或娛樂用的小說等，我一律視為素材，思索每個作品的涵義。

閱讀某位作者的所有作品，我會揣摩此人有何種見解；又或是看同個年代不同作家的作品時，也會邊讀邊想：「兩人活在同一個時代，這名作者又對他抱持何種看法？」像這樣帶著關心和興趣，持續思考作品本身、作者和時代背景等，就能更深入思索一切的事物。

透過書本，你會擁有多元的觀點，產生各種立場的思考方式、或多元化的感受，便能多面向的加深自己的思想。

11

看過記不住？其實它悄悄營養了人生

再次強調，書本是思考的素材，所以各位閱讀時，必須意識到看了之後該如何輸出這本書的知識。但有時無法藉由書本做任何後續的思考，難道這就表示那本書沒有用？絕對沒有這回事。

看完的感想是好棒、好厲害、好辛苦、好可憐等情緒，甚至流下眼淚，且無法用自己的話語或文字說明淚水的意義，這就是一種出色的對話。無法傳達內心的感動，跟自己是否有所改變是兩回事。

司法考試也一樣，如果問我很懂法律的人寫得出正確答案嗎？我會說這是兩回事。只有寫了艱澀哲學書的人才能思考人生？並非如此。每個人都能深入思索，自我探討人生，光這樣就足以寶貴。

進一步來說，我甚至認為就算閱讀的內容無法順利輸出，就這樣遺忘也無妨。**閱讀的目的絕對不是只有學習，所以不需要確實記住讀過的內容**。必要的核心自然會成為讀者的血與肉。就算忘記所有訊息，**透過書本得到的體會，依舊會改變樣貌，遺留在自己的心中，建構更好的自我。**

你把肉吃下肚，並不會完整留在體內，會被分解，變成胺基酸成為養分，並在身體的某處派上用場。就算忘了前幾個小時才吃過肉，但養分還是建構了自己，所以每件事都有各自的意義。

沒有派不上用場的閱讀，即使當下無法立即發揮具體的作用，或許在未來的某個時間會產生幫助，並為自己的人生帶來意義。世界上有很多乍看是徒勞無功的事情，卻提供許多價值。人生是由「有效的徒勞」構成的。讀過馬上就忘記的書，其閱讀經驗肯定會改變型態，累積在自己的心中，為自己的人生帶來意義，所以沒有派不上用場的書籍。

生命的價值在於生活的過程。邁向死亡是個結果，自己在這段時間內能有什麼成長，如何感到快樂，其總量就是人生的幸福。要在哪裡有效發揮閱讀的結果也很重要，但不光是輸出，看書這個行為和過程本身，其實也有非常大的涵義。如果能這樣思考，閱讀就會變得更加愉快。

因為一個人讀了一本書後，肯定會有某種改變。

結語

從一本書開始——就算只有一句話

我每次受邀演講時，最後一定會介紹一本書，那就是凱文・W・凱莉（**Kevin W. Kelley**）的著作《我們的星球》（*The Home Planet*）這本攝影集，它刊載多張從宇宙看地球的照片，呈現給讀者浩瀚的美感，那是一種會讓內心顫動的宏偉光景。

距今幾十年前，我首次搭飛機去德國時，從窗外往下俯瞰的風景，讓我非常驚訝。因為窗外看見的歐洲和我想像的不同，看不見任何國界。這對當時還是國中生的我感到驚訝，當然海上沒有畫線，陸地上也只有無窮盡的森林或田地。看不見國境，更重要的是國家不會被顏色區分。

我小學曾用色鉛筆在白色地圖上塗色；地圖或地球儀上的國家，也會用顏色區分。然而，實際看到的歐洲，卻不一樣：「原來如此，國界是人類自己創造的。」這對我來說是一種新鮮的衝擊。

仔細思考，每個國家的國界都在變化，這跟國家、民族或宗教毫無關係。到頭來還是取決於每一個人的想法，當時年紀還小的我，就能切身感受這一點。同時，我也認為國界沒有太大的意義。

是的，國家不是不變的存在，是由生活在當地的人類之意識和行動，建造而成的環境。因此，國界或民族之間會發生殘酷的戰爭，不過能加以修復的，也是透過人類的力量；在國境建築高牆，或拒絕特定國族入境的是人類；但尊重多樣性，歡迎逃離迫害、恐怖攻擊或戰爭者的也是人類。

留下《魂斷威尼斯》（*Der Todin Venedig*）等經典作品，獲得諾貝爾文學獎的德國作家托瑪斯・曼（Thomas Mann）曾說：「涵養，是指相信人類不可引發戰爭。不是只考慮自己國家的事情，還要深入理解其他國家。」此見解也能通用於日本。

我翻閱前述的攝影集時，無意中看見一處畫線的文字：「我們是一個世界。」這是某位太空人說過的話。幾年前，我曾經被這句話打動內心，當下立即標示此句話，留下痕跡。之後，只要我每次翻閱這個頁面，就會在我心中激起新的漣漪，所以我今天也要畫線標記——沒有任何國界，光彩奪目的一顆地球——觀看這本攝影集時，我永遠都會產生各種感受。

感謝各位讀到最後，本書就算只有一句話能扣動你的心弦，都會讓身為作者的我感到十分幸福。

MEMO

國家圖書館出版品預行編目（CIP）資料

精準閱讀：幫助最多人通過國家考試的大律師，教你進入看得下書的狀態，同時精準抓重點／伊藤真著；林信帆譯. -- 二版. -- 臺北市：大是文化, 2022.12
208面；14.8×21公分. -- （Think；245）
譯自：夢をかなえる読書術
ISBN 978-626-7192-51-1（平裝）

1.CST：讀書法　2.CST：學習方法

521.1　　111016043

Think 245

精準閱讀

幫助最多人通過國家考試的大律師，教你進入看得下書的狀態，同時精準抓重點

作　　者／伊藤眞
譯　　者／林信帆
責任編輯／江育瑄
美術編輯／林彥君
副 主 編／馬祥芬
副總編輯／顏惠君
總 編 輯／吳依瑋
發 行 人／徐仲秋
會計助理／李秀娟
會　　計／許鳳雪
版權主任／劉宗德
版權經理／郝麗珍
行銷企劃／徐千晴
行銷業務／李秀蕙
業務專員／馬絮盈、留婉茹
業務經理／林裕安
總 經 理／陳絜吾

出 版 者／大是文化有限公司
臺北市 100 衡陽路7號8樓
編輯部電話：（02）23757911
購書相關諮詢請洽：（02）23757911 分機122
24小時讀者服務傳眞：（02）23756999
讀者服務E-mail：dscsms28@gmail.com
郵政劃撥帳號／19983366　戶名／大是文化有限公司
法律顧問／永然聯合法律事務所
香港發行／豐達出版發行有限公司 Rich Publishing & Distribution Ltd
地址：香港柴灣永泰道70 號柴灣工業城第2 期1805 室
Unit 1805, Ph. 2, Chai Wan Ind City, 70 Wing Tai Rd,Chai Wan, Hong Kong
電話：27126513　傳眞：21724355
E-mail：cary@subseasy.com.hk

封面設計／尙宜設計公司　　內頁排版／江慧雯
印　　刷／緯峰印刷股份有限公司

出版日期／ 2022 年 12 月 二版
定　　價／新臺幣 360 元（缺頁或裝訂錯誤的書，請寄回更換）
I S B N ／ 978-626-7192-51-1
電子書 ISBN ／ 9786267192689（PDF）
9786267192696（EPUB）

Printed in Taiwan

YUME WO KANAERU DOKUSHO JUTSU by Makoto Ito

Original Japanese edition published by Sunmark Publishing,Inc., Tokyo
This Traditional Chinese language edition published by arrangement with
Sunmark Publishing, Inc., Tokyo in case of Tuttle-Mori Agency, Inc., Tokyo through
Keio Cultural Enterprise Co., Ltd., New Taipei City.